日本人より武士道精神と自立心のある国を目指す

マハティール・チルドレンの国 マレーシア

菅原明子
Akiko Sugahara

SEIKO SHOBO

マハティール・チルドレンの国マレーシア

マレーシアの今——はじめに

マレーシアは、日本から南西に約5000キロ、飛行機で7時間ほどの、赤道近くの常夏の国です。緑豊かで、時がゆっくりと流れていくような、のどかな国……。そんなマレーシアの状況は、今大きく変わりつつあります。

現在、マレーシアではシンガポールに隣接する広大な土地——東京都とほぼ同じ面積——に十数兆円もの予算を投じ、貿易に金融、ハイテク産業に製造業、教育に医療、住居に娯楽施設と、あらゆる拠点をまるごと収めた大都市を建設する「イスカンダル計画」が進められています。

イスカンダル計画はマレーシアにとどまらず、東南アジアの経済においてこれから非常に大きな可能性をもたらす一大プロジェクトとして、世界中の注目を集めています。

1981年、まだマレーシアが経済発展を遂げていなかった時代に、第4代首相として就任したのがマハティール（マハティール・ビン・モハマド）でした。マレーシアをより良い国にするために彼が提言したものの一つが「ルックイースト」政策です。「ＬＯＯＫ　ＥＡＳＴ」――この「東を見ろ」という呼びかけは、東にある日本を見習おうとするものでした。

なぜ欧米ではなく日本だったのでしょうか？　それは、まだ高度成長のさなかにあっ

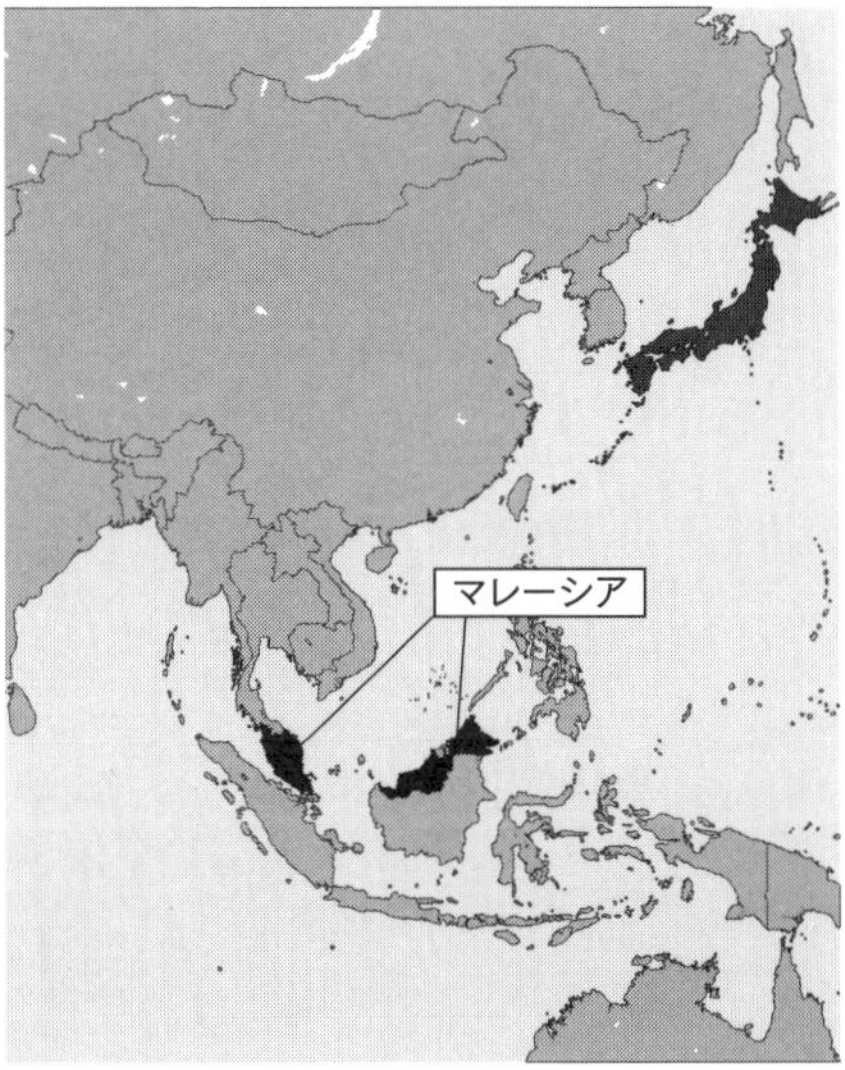

た1961年に、日本を初めて訪れたマハティールが、日本人が勤勉に働く姿にただならぬ感銘を受けたからでした。

すなわち、先に先進国となった日本を見習い、個人の利益より集団の利益を優先するなど国民の意識を改革しながら、マレーシアの経済発展を促してきたのがマハティールでした。

彼は税制を優遇することで日本企業を積極的に誘致し、その結果、マレーシアに進出してきた日本企業の数はおよそ1400社にのぼります。イスカンダル計画も起爆剤となり、新たに進出する日本企業の数は年々増え続けています。

一方、マハティールはルックイースト政策の一環として、マレーシアから日本に大勢の留学生や研修生を送り込み、その数は30年間で約1万5000人にものぼります。

こうして日本に留学した彼らは技術や働き方を学んで国に帰り、マレーシアの政治や産業の担い手として、経済成長を支えています。

そのような背景から、日本語を話せるマレーシア人は数多く、国民が非常に親日家であることもマレーシアの大きな特徴です。

経済成長が著しく、活気あふれるマレーシア。それは日本人にとっても決して無関係な事象ではありません。

第一にロングステイ。マレーシアはロングステイ先としての人気が高く、在留邦人の数が増え続けています。その背景には、生活環境や医療制度の充実、長期滞在型ビザの発行など、マレーシア政府による数々の政策があります。

第二にビジネス関係。輸出入とともに良好な関係にある日本とマレーシアですが、日本人の移住者が増えていることから、日本企業の進出だけでなく、現地での日本人の就職需要も高まっています。日本人向けのレストランやホテル、生命保険会社や学習塾など、業種は多岐に渡り、日本人は大卒のマレーシア人よりもよい給料で働くことができると言われています。

このように新たなビジネスを生むチャンスにあふれていることから、マレーシアに可能性を感じて、現地に移住し起業する日本人も出てきています。

第三に教育。マレーシアは教育先進国として、英語で高度な教育を受けることのできる国です。様々な一流校に比較的安い学費で通うことができることから、意欲の高い学生たちの新たな留学先として、注目を集めています。

他にも、マレーシアの情報は日本ではまだまだ少なく、行ってみないと分からないことばかりです。わたしは、実際に現地で何が起きているのかこの目で確かめてみようと、２０１４年と２０１５年、マレーシアを訪れました。

本書では「仕事」「生活」「教育」「文化」の四つの視点から、マレーシアで起業したり不動産投資を目的に移住した日本人たち、一般的なマレーシア人家庭、一流大学の学長やそこに通う学生たち、事業で成功をおさめたマレーシアの実業家など、それぞれの人や現場を訪問しつつ、インタビューを織り交ぜながら、マレーシアへの理解を深めていきます。

果たしてマレーシアの豊かさや成長の背景には、どのような秘密があるのでしょうか？　わたしは胸を躍らせて、首都クアラルンプールへと降り立ちました。

菅原明子

もくじ——Contents

第3章　日本企業の炭づくり

第4章　マレーシアの生活事情

第5章 多民族国家マレーシアの経済政策

カバーデザイン・本文DTP――ホープカンパニー
本文写真――著者提供

第1章

壮大な計画で大躍進を目指す国

日本に留学、貧困から抜け出しアジア開発銀行スペシャリストに

わたしは首都クアラルンプールで、かつて日本に留学した経験を持つ、ある人物とお会いすることにしました。

高層ビルの立ち並ぶオフィス街で待ち合わせたのは、スタンレイ・タイさん。かつては日本への留学生だったスタンレイさんも、現在ではアジア開発銀行に勤めるビジネスマンになっていました。

「お久しぶりです。スタンレイさん」。わたしが声をかけると、スタンレイさんはにこやかにほほ笑み、互いに握手を交わしました。

マレーシアの貧しい家庭で育ったスタンレイさんは、ルックイースト政策の後押しもあって、猛勉強の末に、1998年に日本の山口大学へ留学しました。日本人の勤勉さを学び、温かさに触れたと彼は言いますが、スタンレイ・タイさんこそ温かく誠実で誰もが好きにならずにいられない性格の人です。

高層ビルが立ち並ぶマレーシアの首都クアラルンプール

アジア開発銀行の
スタンレイさん

その後、２０１１年にはアメリカのハーバード大学に進み、現在ではアジアを飛び回って、途上国を中心としたインフラ整備や開発サポートを行っています。

わたしはアジア開発銀行の支社会議室に通され、そこで東南アジアの経済を知り尽くしているスタンレイさんに、お話を伺いました。

――スタンレイさんのキャリアを見ると、マレーシアの中でも特別頑張られた方という印象を持ちます。今スタンレイさんは、アジア開発銀行でどのようなお仕事をなさっていらっしゃるのですか？

スタンレイ　アジア開発銀行では上級のスペシャリストとして働いています。基本的には途上国の状況を見て、どのようなビジネスが流行するのか調査・分析し、お金を投資したりアドバイスをするなどのサポートをしています。

――インフラ整備をして、その便利さによって、農作物がきちんと商品作物として流通していくようにするとか、雨期に水はけがよくなるように道路を整備して子供たちが学校に通えるようにするとか、とても大切な部分のお仕事ですよね。

そうしたインフラ整備に関して、助言だけではなく、資金も提供してあげますよ、ということなのでしょうか？

スタンレイ　両方ですね。お金も出して、そこの政府も含めて、人材育成をしなくてはなりません。そういう側面でもサポートすることになります。

――実際に今、大活躍のスタンレイさんですが、子供のころは、どんな場所で、どんな暮らしをされていらしたのですか？

スタンレイ　わたしは小さいころから、すごく貧しい農村で育てられました。両親が離婚して、母親に女手一つで育てられました。貧しい家庭なので、わたしにはやっぱり努力しかありませんでした。

しかし、母親は貧しくても子供の教育には妥協しませんでした。母親は一日に3つの仕事を掛け持ちしていて、朝から夜中まで働いていました。そして教育に関しては、たくさんのお金をわたしにかけてくれました。「待っているだけでは誰も助けられない。よい教育の中で、自分の力で一生懸命勉強しなさい」というのが母の口癖でした。貧しい農村地区で母親に教えられたこと――それは「貧困から抜け出すためには教育しかない」ということでした。

スタンレイさんは、東京の日本語学校で日本語の勉強をした後、山口大学に進学。東京から山口に向かう際、所持金はわずか50円しかなく、ナツメ一袋とお米のみで山口に向かったそうです。それから1週間かけて職探しをしながらどうにか食いつなぎ、アルバイト先の居酒屋を見つけ、働きながら勉強に励みました。

「貧困から抜け出すためには教育しかない」。わたしは、この言葉こそスタンレイさんが努力して成功を掴んだ一番の原動力であり、ひいてはそうした考えを持つ彼の母親のようなマレーシア人たちの存在こそ、マレーシア全体の成長を支える大きな要因になっているのだと思いました。

スタンレイさんは、その後もずっと一途に努力し、そして希望を持って自分の能力を最大限発揮できるアジア開発銀行に就職しました。

そして現在までアジアの各地を回りながら様々な産業育成のために頑張っています。

2016年12月には地震で大きな打撃を受けたネパールへの186億円の借款《しゃっかん》がアジア開発銀行の中で承認されました。

この金額はネパールにとって過去最大の借款の金額になっていました。この金額の一部は仏教の4大聖地の一つである仏陀《ブッダ》の生誕地ルンビニの道路整備事業のために使われます。この道路が整備されることによって世界中の仏教徒が一層簡単にこの聖地を訪れることができるようになります。

これはそこを訪れる人たちにとって便利であるだけでなく、ネパール国にとってもとても意義のあることです。また国の観光業や商業の活性化にも貢献することになるので、文化的な面、そして経済的な面、その他、様々な面から意義のある事業になっています。こうした大事な事業にいま、スタンレイさんは大きな情熱をもって取り組んでいる最中です。

世界中の投資家が注目する「イスカンダル計画」

そんなスタンレイさんが今注目をしているのが、国を挙げて進められている「イスカンダル計画」です。

首都クアラルンプールから車でおよそ3時間。マレーシアの最南端に、クアラルンプールに次ぐ第二の都市、ジョホール州ジョホールバルがあります。

イスカンダル計画は、このジョホールバルを開発特区に定め、街そのものを〝イスカンダル〟と称される「マレーシアの未来都市」にするという壮大な開発計画です。

ジョホールバルの面積は、東京都とほぼ同じ約2200キロ平方キロメートル。自然豊かなこの土地に、2025年までに3830億リンギット（1280億USドル＝約14兆5000億円）の予算を投じることで、一つの国家に準じるような経済のハブ的な一大都市へと作り替える、まさに国を挙げての壮大なプロジェクトです。

この計画では、ジョホールバルをAからEまでの五つの重点地区に設定しています。

A　ジョホールバル都心部＝旧市街を再開発して金融センターを設立し、「アジアのウォール街」に。
B　イスカンダルプテリ地区（旧ヌサジャヤ地区）＝行政・教育・医療・住宅・娯楽・商業などの施設を集め、イスカンダルの中心地区に。
C　タンジュンプルパス港エリア＝タンジュンプルパス港を中心とした物流拠点に。
D　パシルグダン港周辺地区＝電気・電子・石油化学製品を中心とした製造業の拠点に。
E　セナイ空港周辺区＝アジアのシリコンバレーを目指し、ハイテク産業の拠点に。

つまり、イスカンダル計画では貿易に金融、ハイテク産業に製造業、行政に教育に医療、高級住宅地に娯楽施設まで、あらゆる拠点を一つの都市にまるごと収めようというわけです。

ここで重要なのが経済のハブとしての役割で、政府は2025年までにこの計画を通して、81万7500もの仕事（雇用）を生み出していこうとしています。電気・電子、石油化学、食品加工、物流、観光という製造業を中心とした五つの産業に加えて、イスカンダル計画では金融、保険、不動産、クリエイティブ産業、医療、教育という高い技能や知識を有する新たな産業にも力を入れています。

２０２５年までに、高い技能や知識を有する新たな産業の従事者を全体の45％にまで引き上げていく予定です。ジョホールバルに住む知的労働者は、雇用主経由で所得税を一律15％にできるという優遇措置も設けられています。

２００６年に開発プロジェクトが動き出してから２０１５年現在までに、すでに60万５３８１の仕事が生み出されており、目標の74％をクリアしています。

２００３年まで首相を務めたマハティールは90年代、「マレーシアを２０２０年までに先進国にする」という大方針を打ち立てました。イスカンダル計画はまさにその目標を達成するためのエンジンになるとされています。

ただやみくもに開発を加速させるのではなく、未来都市としてエコを意識した都市開発を行い、従来の都市建設に比べて二酸化酸素の排出量を40％削減する試みにも取り組んでいます。

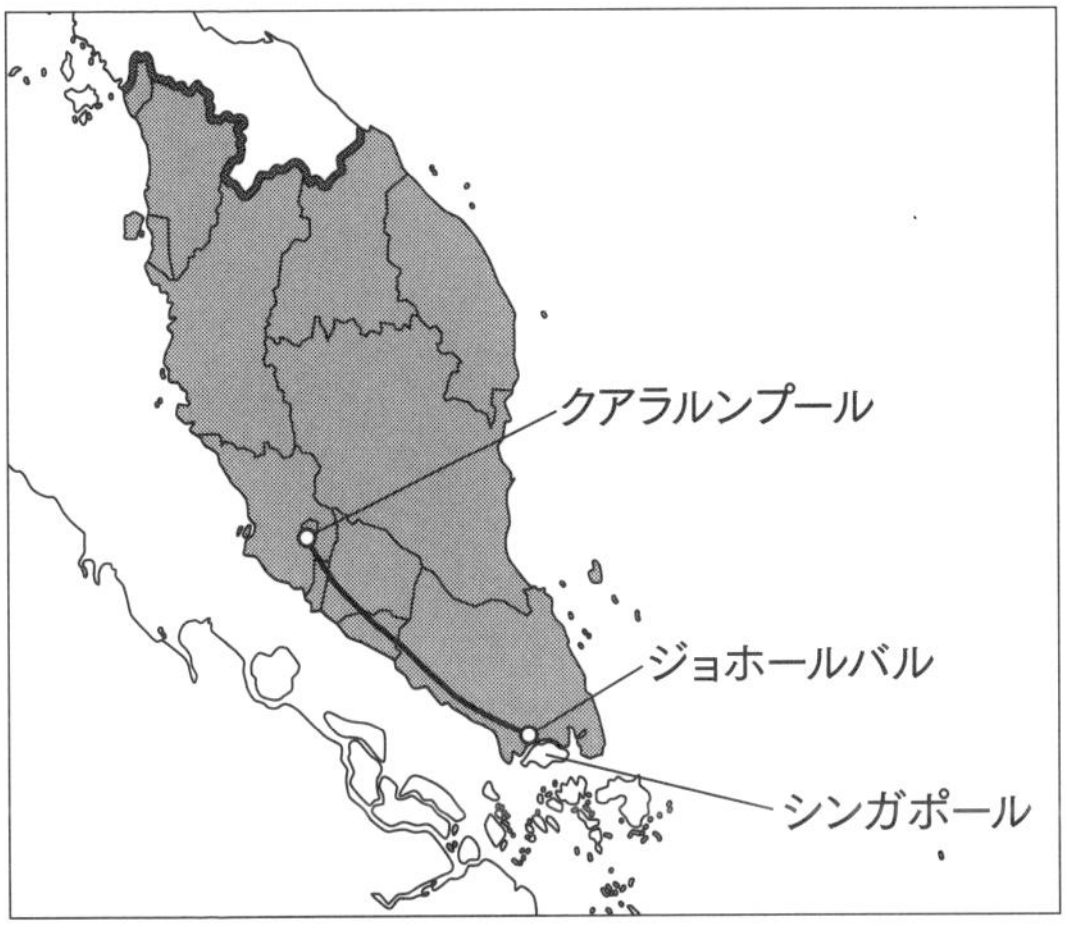

クアラルンプール、ジョホールバル、シンガポール

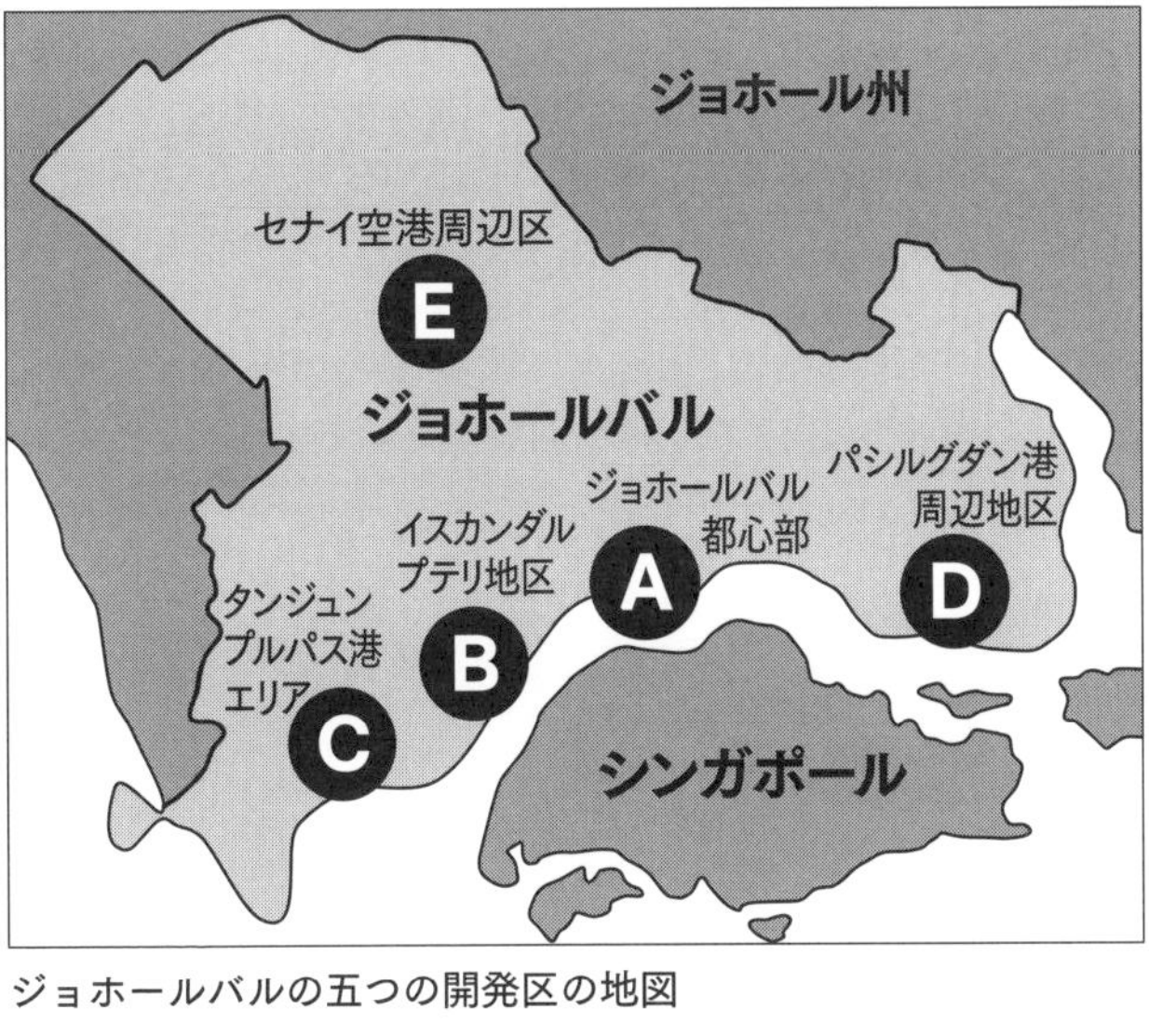

ジョホールバルの五つの開発区の地図

橋を渡ればシンガポール

イスカンダル計画では、マレーシアの首都クアラルンプールから開発拠点のジョホールバルを通って、さらにはシンガポールまでを高速鉄道で結ぶ計画や、通勤者がジョホールバルとシンガポール間を行き来しやすくするための地下鉄計画も進められています。

マレーシアとシンガポールは、ジョホール海峡を介して北と南の対岸同士にある国です。コーズウェイ（旧橋）とセカンドリンク（新橋）という二本の橋を渡れば、簡単に国境を越えられる至近距離にあります。

シンガポールの北の沿岸に立つと、対岸にはマレーシアのジョホールバルが見えます。イスカンダル計画により、建設中のビルの工事の音が対岸のシンガポールにまで聞こえるくらいに、マレーシアはすぐそこです。

ジョホールバルの旧市街を歩いていると、人気店の料理を食べるために、列をつくるシンガポール人の姿がありました。マレーシアはシンガポールよりも物価が安いので、橋を渡ってマレーシアまで行き、買い物をしたり、食事をしたりするシンガポール人が多いのです。

鯛の頭がまるごと入ったシンガポールの名物料理「フィッシュヘッドカレー」も、国境を越えてマレーシアに入ると、日本円にして約660円。シンガポールよりも安いので、シンガポールの人たちはマレーシアの店まで食べに来るのだそうです。

国境近くでは、「ガソリンが4分の3以上入っていない車には500シンガポールドル（約40000円）の罰金」と書かれた看板を見かけました。シンガポールに比べてマレーシアはガソリン代も安いので、「ガソリンはシンガポールで買ってからマレーシアに入るように」というシンガポール政府による法策なのだそうです。

年間2400万人いるとされているマレーシアを

マレーシアの未来都市を目指して開発されたジョホールバル

訪れる外国人観光客のうち、約半数がシンガポール人とされています。

一方、マレーシアとシンガポールは地理的に近いだけでなく、昔から輸出入ともに中国と1位2位を争う貿易パートナーとして、経済的に切り離せない関係を持っています。マレーシアは天然資源が豊富で、土地や水源、石油や原油などの資源に恵まれています。ジョホールバルとシンガポールを結ぶコーズウェイ（旧橋）を車で走らせると、その脇にとてつもなく太い水道管が通っているのに気づきます。

大きな河川がなく、雨水を貯めるための土地も少ないシンガポールでは、水をマレーシアからの輸入に頼ってきました。シンガポールは水道管を介してマレーシアから来たこの水を、工業用水だけではなく、浄化して飲料水としても使ってきました。

2002年にマレーシアはシンガポールに対し、この水の供給に途方もない値上げを求めたことから、両国は対立を深め、結局シンガポールは、契約期間の切れる2016年以後は水の供給が受けられなくなるものとして、目下水の自給自足を目指して頑張っています。足りない水道水は、水のリサイクルシステムを完璧にすることによって、補うようなところまで科学の力を使って実行しています。その水は「ニューウォーター」

と呼ばれています。飲み水以外の水はこれで十分賄《まかな》えるわけです。

しかし、著しい経済発展を遂げているのは、むしろシンガポールのほうです。天然資源がほとんどないシンガポールは、金融大国となり、製造業や貿易と物流の中心として活路を見出し、東南アジアのハブ空港として国を大きく発展させてきました。

マレーシア人のうち、およそ10万人が毎日国境を越えてシンガポールに通勤しているとされています。橋を渡ればシンガポール。シンガポール人にとっても、マレーシア人にとっても、両国はまるで隣町に行くような感覚で行き来できる国なのです。

シンガポールと共存・共栄の国
――中国の投資、シンガポール、マレーシア三者の結束

マレーシアは豊富な天然資源を持つゆえに、シンガポールのように都市国家として金融や経済をあくせくと発展させる必要がなかった国とも言えます。

そうしたマレーシアが、いよいよ自国の経済発展のために本格的に乗り出したのがイ

スカンダル計画でした。しかしイスカンダル計画は、マレーシアだけで進められているプロジェクトではありません。

シンガポールは狭い国土の中に人があふれ、住宅の価格も高騰して、気軽に家が買えない状態にあります。一方、経済発展に乗り遅れた対岸のマレーシアには、未開発の広い土地があり、ジョホールバルだけでシンガポールの3倍もの面積を有しています。

そこで、マレーシアの経済発展だけでなく、シンガポールの土地の受け皿として、両国の政府が共に力を入れているのがイスカンダル計画なのです。開発が進むにつれて、緑が多く、ゆったりとした環境のジョホールバルに住居を購入するシンガポールの富裕層も増えてきました。

同一の経済圏として、共に発展を目指して進んでいくイスカンダル計画。さまざまな対立問題をはらみつつも、マレーシアとシンガポールは、交換できる異なる価値を持ち、共存・共栄の立場を取っていると言えます。

そしてこの壮大な開発計画には、日本企業も多く関わっています。次に、ビジネスチャンスを求めてマレーシアに移住する日本人たちの事例を紹介していきたいと思います。

第2章

大きなビジネスチャンスを秘めた国

続々と進出する日本企業

マレーシアには日本企業が続々と進出しています。その中で、企業が株式を取得し、工場を建設して事業を行うことをＦＤＩ（Foreign Direct Investment）と言います。要は、外国の企業に対して永続的な権益を取得する（経営を支配する）直接投資がＦＤＩです。この直接投資において、日本企業の数は２００４年から２０１３年までの10年間で２倍以上に増えています。特に製造業においては、国別の投資額が日本は常に１位から２位を占めています。

マレーシアに進出した日本企業の数は２０１３年のデータでは１３９０法人となっていますが、２０１５年3月に来日したムヒディン・ヤシン副首相によれば、進出日本企業数は「約１５００社」。

同副首相は「日本はわが国の重要なパートナーで、実際に日本は、マレーシアの製造業への投資国として常にトップグループの位置にある」として、マレーシアの経済発展に寄与すべく日本企業への期待を述べています。
すでに三井不動産は、初めての海外進出先としてこのマレーシアを選び、２０１５年、アジアのハブ空港の一つであるクアラルンプール国際空港の敷地内にアウトレットモールをオープンさせています。

マレーシアに進出した日系企業の総数

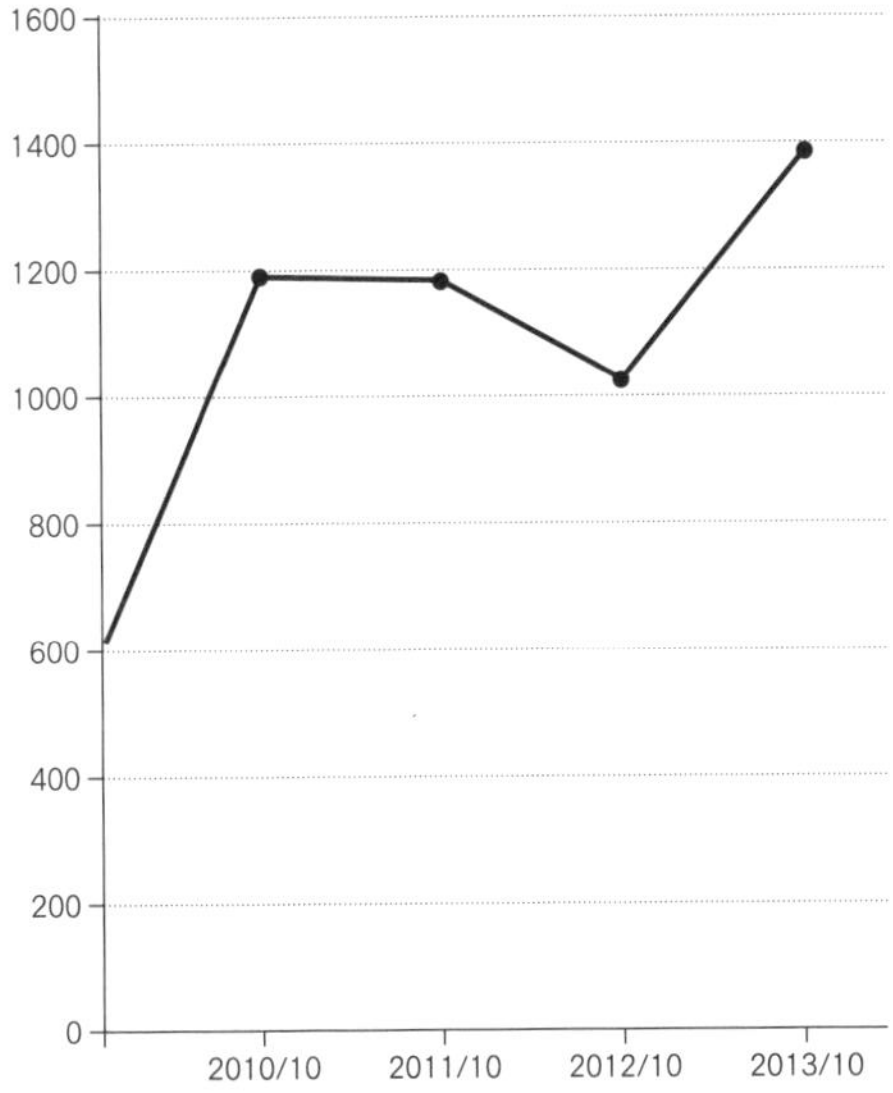

出典：外務省領事局政策課「海外在留邦人数調査統計（平成25年10月1日現在）平成26年要約版」

住宅メーカーのパナホームも、マレーシアで急増する経済的中流層をターゲットに見据えて、日本の技術を生かしたリンクハウス（日本の長屋のようなスタイル）の販売に乗り出しています。

投資先としてマレーシアの人気が高いのは、観光・保険・医療・教育分野を対象にした施設投資のための輸入税・所得税の減税をはじめ、進出企業へのさまざまな優遇措置をマレーシア政府が打ち出していることにも理由があります。たとえば税率25%の法人税が5年間免除されるのもその一つです。

特にイスカンダル計画が進むジョホールバルは、東南アジアの経済を担う拠点として、日本だけでなく世界中の国や企業、個人からさまざまな投資が集まっています。

マレーシア進出日系企業の総数とそのうちの製造業の推移

年	2004	2005	2006	2007	2008
日系企業の総数	616	604	601	583	615
そのうち製造業	413	398	393	365	366

年	2009	2010	2011	2012	2013
日系企業の総数	609	1,184	1,172	1,056	1,390
そのうち製造業	361			779	729

出典：経産省海外事業活動基本調査及び外務省領事局政策課「海外在留邦人数調査統計（平成25年10月1日現在）平成26年要約版」

夢を追い求め、海を渡った日本人

日本企業の進出盛んなマレーシアですが、進出したのは企業ばかりではありません。この地に夢を追い求め、海を渡った日本人がいます。

ジョホールバルの高級住宅街でパンの製造・販売をしている「ＰＡＮ工房」は、この界隈に住む人たちの間で、ちょっとした話題になっているお店です。普段から、店内は地元の人で溢れています。

ミルクティー色のレンガ造りの壁に、同色に塗られた木の扉。見上げると、こげ茶色の大きな看板に「パン工房　焼きたてパンの店」と日本語で書かれた立体文字にパンのイラスト……。店全体がいかにもパン屋さんといった感じで、麦を想像させる茶系を基調に統一されています。

訪れた人たちに評判を聞いてみると、

「友人の紹介でランチを食べに来ました。この店はおいしいと評判です」

「日本のパンはたくさんの種類があっていいよね。とってもおいしいよ」

「この店のパンは生地がとても柔らかくておいしいわ」

と、なかなかの評判のようです。

日本ではお馴染《なじ》みの調理パンや菓子パンも、味がシンプルなマレーシアのパンと違って、現地の人にはとても新鮮でおいしいようでした。日本のパンは種類が多く、その一つ一つの味が違うのも、マレーシアの人たちにとって大きな魅力になっているようです。

現地に住む日本人に聞いてみても、

「マレーシアは食事自体、味付けが辛く、子どもが食べにくかったりするので、この店のパンは助かります」

とのことでした。

マレーシア人から現地の日本人まで、幅広い人たちが利用するこのお店を経営するのは、原口朋久さん。成長を続けるこの地に彼が移住してきた訳とは何なのでしょうか？わたしはその理由が知りたくて、彼の店を訪ねて話を聞かせてもらうことにしました。

表のモダンなテラスで働いていた女性店員に「こんにちは」と挨拶した後、わたしは木の扉を開けて、店内に入りました。入り口には、「Bon Odori（盆踊り）」の開催を知らせるポスターが貼られていました。

商品の並べられている棚を見ると、お昼を過ぎたばかりの時間だというのに、すでにパンが所々まばらに並んでいるのみです。

「おやおや、パンがもうほとんどありませんね」。店の奥から出てきた原口さんに声を掛けると、すでにたくさん売れてしまったのだと返答がありました。

地域で評判の「ＰＡＮ工房」

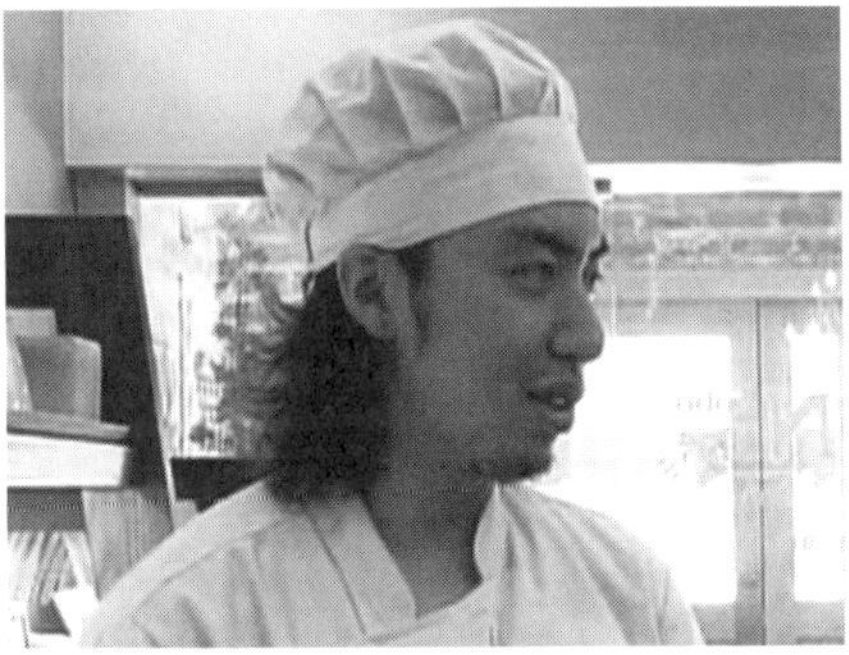
ＰＡＮ工房オーナーの原口朋久さん

原口さんの横では、メガネをかけたかわいらしい女性がほほ笑んでいました。原口さんの奥様で、中国系マレーシア人だそうです。

実は、わたしが原口さんとお会いするのは、これが二度目です。1年ほど前、プライベートの旅行の際に、友だちに紹介されて、ここを訪れていたからです。

――お久しぶりです。入口に盆踊りのポスターが貼ってありましたね。

原口　昨日一昨日に行われて、もう終わってしまいました。

――イスカンダルには日本人はほとんど住んでいないと思っていました。でも盆踊りをやるってことは、日本人がいるということでしょうか？

原口　ジョホールバルのことでお話しますと、日本人は1000人近くいます。しかし、ジョホールバル中心部を除けば、イスカンダルのこのエリアは開発されたばかりなので、日本人は数える程度しかいないのではないかと思っています。まあ、30人あるいは40〜

50人はいるかもしれませんが。

――日本人が数十人しかいないということは、日本人がいない場所でビジネスを行っていらっしゃるってことですよね？　まるで新天地アメリカを目指したメイフラワー号のようですね。

原口　そうですね。もともとジョホールバルには日本人は少ないので、1000人いる日本人だけを見てビジネスを行っていたら、厳しいものがありますから。

ハラルを考慮したパン作り

わたしは、パンを味見させていただこうと、トングを手に取り、店内を回ってトレーの上に残り少なくなったパンを乗せていきました。それぞれのパンには日本語でも名前が書かれています。

わたしは「昔ながらのあんぱん」と書かれたパンを見つけて、聞きました。

――このように一つ一つ袋詰めされたパンなんかは、マレーシアでは売っていませんよね？　日本円にするとこれはいくらなのでしょうか？

原口　1リンギットが約30円ですから、70円か80円くらいといったところでしょうか。

――安いんですね。このシナモンロールもおいしそうですね。これもあれも、全部おいしそうです。全部天然酵母のパンですよね？

原口　そうです。全部天然酵母を使って、パンが柔らかくなるようにしています。あと食べていただく前には、かまどでトーストして出させていただいています。

――そこまでしてお出しするホスピタリティというのは、いかにも日本人的ですよね。

これはコロッケパン。日本だとコロッケパンにはソースをかけますが……。

原口　はい、中にソースをかけているのですが、ソースは特製ソースになっています。日本のソースもあるのですが、ハラル（イスラム法で合法なもの。食品もイスラムの教えに即したものでなければならない）を守るイスラム教の人もまだまだ多いので、ハラルに適応したソースやパンを出させていただいています。

――えっ、そうすると、ソーセージには何を使っているのですか？

原口　ソーセージも全部チキンを使っています。（イスラム教で禁止された）豚とかアルコール関係のものが入っていると、もうダメなので。

――全部チキンなのですか？　肉そのものだけではなく、ラードも使ってはいけないとか、ハラルはすごく厳しいですよね？

原口　その通りです。

イスラム教が国教のマレーシアでは、国民の61%がイスラム教を信仰しています。信徒の間では豚肉や飲酒の禁止、一日5回のお祈りなど守るべき細かなルールがありますが、中華料理店が豚肉の料理を出していてもいっこうに関与せず、インドのヒンドゥー教の食文化も国は理解を示しています。

多民族国家であるマレーシアでは、それぞれの文化を理解しておく必要があるものの、自分たちとは異なる文化に寛容な国でもあるのです。

日本にあって、マレーシアには無いもの

つづいて調理場へと案内していただきました。昼過ぎには、ほとんど売れてしまっていたパンですが、なんと70種類以上ものパンを、ここで焼いているのだそうです。

原口さんは2年ほど前に日本からマレーシアに移り住み、この地でパン屋を開業。試行錯誤しながらも、お店を繁盛させていきました。

――いったいなぜ、日本から遠く離れたマレーシアで、パン屋を開業しようと思ったのでしょうか？

原口　最初はパン屋をやろうとしてマレーシアに来たわけじゃなかったんです。

――えっ、そうなんですか？

原口　そうなんです。何で起業するかは決まっていなかったのですが、日本よりビジネスのチャンスがあるという点で、マレーシアを選んだということになります。

旅行で初めてこの地を訪れたときの気づきが移住のきっかけになりました。マレーシアでは自分の必要とするもの、欲しいものが手に入らないということがたくさんあります。自分が欲しいと思うそうしたものの中で、常に心の中にあったのが、日本のように種類が豊富で手の込んだ焼きたてのパンがないということでした。

　そうしたことをきっかけにパン屋を始めたわけですが、こちらに駐在されている日本人にも、同じようにパンにビジネスチャンスを感じた人はいるのではないかと思っています。マレーシアの人たちは日本人に対してフレンドリーでやさしいですし、日本の文化や日本の製品に興味を持って、いろいろ試したりする人が多いので、日本のパンがあったら喜ばれるんじゃないかと思いました。

　マレーシアには無い部分に目を付け、異国の地でパン屋を開業することを決意した原口さん。日本で一からパン作りを学び、日本で知り合ったマレーシア人の奥さんと共に、ビジネスの場所としてマレーシアに移住しました。

原口　もちろん嫁がこちらの人間なので、住む場所を検討すれば当然日本かマレーシアかということになったのも事実です。絶対的にビジネスで何かしらやってみたいという意志があって、日本かマレーシアかどちらを採るかと言ったら、マレーシアにはまだまだチャンスがたくさんある。何かしらできる国だと思ったのが、ここに店を開いた理由でした。

——今、世界中が回転寿司をはじめとした寿司ブームですが、寿司は見よう見まねで、機械で形を整えて、適当に切った具材を上に乗せるだけで、形式上は作れてしまいます。そのため、日本人のいない所でも、世界各地で日本食レストランがばんばん作られています。

しかしパンの場合には、そういうわけにはいきませんよね。パン作りは手間がかかり、容易に真似できるものではありません。わたしが原口さんのビジネスに将来性を感じるのはそこです。パン作りを選んだのは正解ですね。

原口　はい、1年以上やってきても、まだまだお客さんには喜ばれていますから。これから先、この都市と一緒に成長できたらと願っています。

——パン作りは、おいしさで勝負すればオンリーワンになれる可能性の高いものだと思っています。どうか頑張ってください。

ＰＡＮ工房のリピート率は非常に高く、一度訪れたお客さんは毎日のように来てくれるようになるのだそうです。

日本には当たり前にあるものがマレーシアには無かった。必要とするもの、欲しいものがここにはなかった。そのことがきっかけで、原口さんはパン屋を始めました。

マレーシアには原口さんのように、ビジネスチャンスを求めて活躍する人たちが数多くいます。そうした人たちの意欲がこの地を支えていることも、マレーシア成長の大きな要因になっていると感じました。

イスカンダル計画による相乗効果で、新たに生まれる移住者や起業家たち。一方、25年前に日本からマレーシアにやって来て、一から産業を立ち上げ、マレーシアに大きく貢献している企業があります。

つづいて、そんな日本企業の取り組みについて紹介します。

第3章

日本企業の炭づくり

日本人の情熱が支えた炭づくり

かつてマレーシアでは伐採による森林の減少が大きな問題となっていました。その対応策の一つとして、1980年代に始まったのが、木材不足を補うための造林計画でした。2006年からは天然林資源の枯渇を防ぐために、国家レベルでの人工造林計画も打ち出されました。

実は、マレーシアでのこの人工造林計画は、とある日本企業の取組みを参考にしたとされています。それが、炭づくりのためにマレーシアのマングローブを購入し、植林を行いながら、炭の製造・販売を行っているフカヤチャコールチャンネルズ株式会社（以下フカヤ）です。

日本人にはあまり知られていないことですが、日本で流通している炭の大部分が、このフカヤでつくられているマレーシア産です。

クアラルンプールから車で3時間以上、フカヤの工場はペラ州にありました。落ち着いたブルーの壁のメイン工場の建物の正面には「FUKAYA」と書かれた白い文字がありました。「FUKAYA」の文字の上には、赤を背景色に、黒字で書かれた漢字の「炭」の文字が、ロゴのようにデザインしてありました。

フカヤの創業は1990年。日本で会社経営をしていた深谷さんが炭の本を読んで多

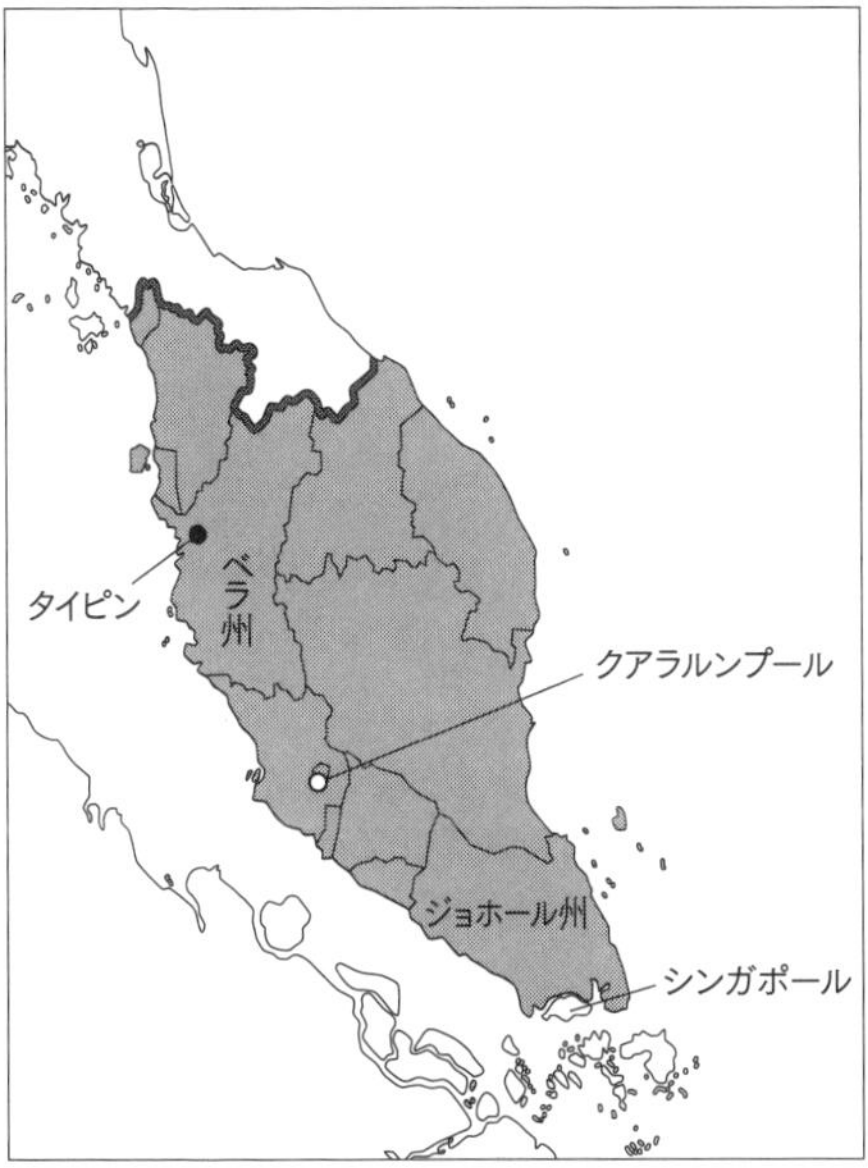

ペラ州タイピン

大な影響を受けたことがきっかけで、これまで縁のなかった炭の製造会社を立ち上げたのだそうです。

それも、森林資源の豊富なマレーシアに目をつけ、炭の持つ可能性に賭けて、50代にして日本から夫婦で移住したのがはじまりでした。現在はマレーシアで製造ライセンスを取得し、主に日本向けの業務用木炭と、その関連商品の研究開発および生産・販売を行っています。

従業員は約100名。経営者の深谷さん以外は皆、現地採用のマレーシア人です。その内訳はマレー人（マレーシア系マレーシア人）が7割、残りは中国系マレーシア人とインド系マレーシア人で占

フカヤ・チャコール・チャンネルズの
深谷大さん

FUKAYAが製造している炭。
そのほとんどは日本へ送られている

められ、三つの民族の従業員が共に働いています。

工場を設立した当初は年間400トンの製造だったのが、現在では年間1万2000トンを超えるまでに成長しました。製品の95%は日本に、残りはシンガポールやサウジアラビアなど、世界中に出荷しています。

炭の多様性に惹かれて開発の道に

わたしが現社長(2014年現在)の深谷さんにお話をお聞きしたのは、マレーシアから東京に帰国後のことでした。すでに経営者は代替わりし、今回お話をお聞きした経営者の深谷大さんは、同じ深谷さんでも創業者のお孫さんにあたります。

――今日は遠い所、マレーシアから来ていただいてありがとうございました。実はわたしは今いるまさにこの部屋で、13年前にあなたのお爺さんお婆さんにあたる深谷ご夫妻にもお会いして、お話を聞いています。

そのとき、「いつ頃炭を始められたのですか」というわたしの質問に、70歳過ぎのご夫妻が「始めてから大体20年弱かな」とおっしゃったので、「そうすると50代で始められたのですか」と聞くと、「はい、そうです」と、おっしゃったのを憶えています。

クアラルンプールから車で3時間以上もかかる場所、お年寄りがこんな所で果たして暮らせるのだろうかと思うような何にもない場所で、炭づくりを始められたわけです。炭にかける凄い情熱に思わず感動いたしました。

わたしがちょうど、抗酸化力のある炭や空気などの研究をしていたこともあって、新しい炭を開発したことや、水を浄化する炭をつくりたいといった話を二人はしていらっしゃいました。炭とマイナスイオンについていろいろ質問されました。

またその後、80歳を過ぎた頃にお手紙をいただいているのですが、そのお手紙には「炭を使ったリゾートセンターで、人を呼び寄せたい」と書いてありました。すごく気にかけていたのに、お返事はできずにきてしまいました。お婆さまやお爺さまは亡くなられたと聞いていますが、本当ですか？

深谷　はい、祖父は2年前、祖母は1年前に亡くなりました。

——よく仲のよいご夫婦は、ほとんど同時に亡くなられると言いますが、今思い出してもとても仲のよいご夫婦でした。情熱的で、フロンティアスピリットに富んでいらして、こちらが圧倒されてしまうようなご夫婦でしたね。

深谷　確かにそうですね。祖父はどこの国でも、求めては呼び込むような人でした。わたしもそれを見習っていかなければならないと思っています。

——なぜ若いお孫さんがフカヤを継いでいらっしゃるんですか？　木炭を製造する場所は、マレーシアの都心から4時間も車で行かなければならない地方都市ですよね？

深谷　わたしの父はシンガポールで弁護士をやっておりまして、わたしはシンガポールで育ちました。一回海外に出たいと思って、祖父を手伝いに行ったのがきっかけでした。最初は学べるものがあったら学びたいと思い、祖父にくっついて行きました。当時は会社が始まって間もなくのころで、まだ規模は小さかったのですが、炭にするまでのさまざまな過程を、祖父を通じて学んでいきました。

――炭の現場に行かれたのは、何歳ぐらいのときだったのですか?

深谷　祖父は60代後半、僕は24歳のときでした。

――そのとき、跡を継ごうと決意されたのですか?

深谷　いいえ、最初は僕にとって木炭は馴染みのないものでしたので、炭を好きになるまでちょっと時間がかかりました。そのうち木炭は燃料である側面と、商材としての多様性の二つの側面を持つことに気づきました。たとえば人間の環境をよりよくするためとか、水をきれいにするとか、そうした炭の持つ多様性に惹《ひ》かれるようになりました。そして、そうした炭を開発できたらいいなと思うようになりました。

――先見の明がおありだったんですね。お爺さまからは、50代のころ、専門家が炭について書いた本を読んで「炭はすばらしい、21世紀を支えるものになる」という直感で、それまでやっていたディスポーザブル（使い捨て）の注射針の仕事を投げ打って、炭づくりを始めて、以来、夢と情熱で来られたという話を聞いています。お爺さまと同じように炭の素晴らしさを感じ、そっくりそのままの情熱を持っていらっしゃるってことですね。

深谷　そうですね。

どこまでも安全に留意した製品づくり

工場には出来た製品を運ぶ大きなコンテナが置かれていました。
工場を案内するのは、工場長のシー・ショー・チュアンさん。シーさんは流暢な日本語で工場の中を案内していきます。

敷地内に、タイピンから運んできた積み荷を降ろしたばかりの、大きなトラックが停まっていました。職人たちのいるタイピンで窯《かま》を開け、出来た炭はトラックでこの工場に運び込まれているのだそうです。

炭の原材料となるマングローブの植林地は、25ヵ所に分けて、毎年一つの区域の植林から炭をつくっています。毎年順番に1ヵ所から出荷していけば、25年後には植林地の全部を一回りして、また元の土地に戻ることになります。

「このような植林システムで成功したのは、世界中でほとんどマレーシアぐらいと言っていいでしょう」と、シーさんは述べていました。

マレーシアの植林システムについては、実際にベトナムなどの東南アジアの国からタイピンに来て、学んでいく人たちも多いそうです。

商品の原材料はマングローブ一種類で統一されています。原材料から制作工程まで厳しい規格があるため、品質も実に安定しているとのことです。

直径6メートルにもなる巨大な炭焼き窯は、一般的な窯の2倍もの大きさです。これは、日本の八幡製鉄とマレーシアの合弁会社「マラヤワタ」が戦後残した窯を、フカヤが炭焼き用に転用させたものだそうです。戦後の日本が残した優秀な技術は、今もなおマレーシアに生き続けているのです。

タイピンにあるフカヤの炭焼き工場は、現在観光ルートとして、マレーシアの観光資源の一つと言えるものにもなっています。


ここに入荷した際、炭はまだ熱があって熱いので、入ってきた炭を工場奥で一時的に冷却させ、2日間寝かせてから切断するそうです。ここに入ってきたときは摂氏60度くらいだった炭も、2日間置くことによって20度くらいになります。

冷却された炭は、分厚い長方形の鉄板の上で、細い板のこを手作業で通すことで切断されていきます。切断の際、鉄板の左端は鉄の板で遮られ、そこから長さ14センチの所で板のこが振り下ろされて、炭が14センチずつに切断されていくようになっていました。14センチという長さは、コンテナなどで運ぶ際に、箱に詰めるのにちょうどいい寸法だそうです。

次の工程は袋詰めの場所でした。切断された炭はここで一袋20キロにして袋詰めされていきます。これで終わりかと思ったら、袋詰めにされた炭は、このまま二度めの冷却に入るのだそうです。
冷却期間は、一番短くても2ヵ月は置くことを規則にしているとのことで、2ヵ月に満たないものは出荷しないそうです。そうしないと、輸送の際に箱の中に詰めた炭に熱が出てしまい、自然発火する可能性があるとのことでした。

深谷　コンテナ単位で出荷される炭は、うちの会社以前にはなかったと思います。一次冷却だけで箱に詰め込んで出す会社も多いのですが、集積熱で船火事とかを招くこともあります。万が一出火してしまうと海上管理の問題やお客様にも迷惑がかかってしまいます。日本のマーケットでは安全こそ一番大切なのです。こうした安全面での配慮を打ち出したのは、わたしの祖父です。

二次冷却では、まず20キロずつ炭の入った袋を積み上げずに、周囲の換気をよくした状態で1週間置き、次に2週目からは奥に高く積み上げていく方法がとられていました。
ベテランの作業員が、二次冷却を始めて1週間経過した炭の袋の山を、フォークリフトを使って移動し、整理して積み上げていきました。他企業では技術をきちんと習得しないまま働かせる場合もあるそうですが、フカヤでは工場設立時からの従業員もおり、勤務歴10年以上のベテランが揃っています。

深谷の炭の特色は、その美しい漆黒《しっこく》の色にあります。その黒さはコールタールのような色という風に表現することもできます。多分、もともとが八幡製鉄所の鉄を精錬するときに使おうと思って作られた普通の炭窯の2倍の大きさの窯を使用していることから起こっているのだと思います。

つまり炭を焼く温度が、普通の炭よりも高いのです。その結果として大変美しい結晶を持つ固い炭ができ、炭として利用すると、熱を出す時にも高熱をより長い時間出し続けるという特色があるわけです。

——炭には着火剤を混ぜるのですか？

深谷　いいえ、着火剤は混ぜません。炭は、炭化によって火力が異なってきます。炭の中には爆発的に火がつくものもあるのですが、うちの製品は、15分から20分かけて徐々に火力が上がり、バーベキューなどがうまくできるようになっています。

窯の上のほうの低炭化のものは着火剤なしに燃えますが、奥のほうに高炭化のものが使われているので、時間をかけて燃焼していくことが可能になっています。

バーベキュー用の炭は二重構造になっています。外側の方が低炭化の木炭ですぐに火がつく、奥の方が高炭化の木炭で高温で長持ちする、この二重構造です。この両方の機能をうまく利用していることになります。

日本の技術が息づくエコ活動

フカヤは地元で安定した雇用を生み出しただけではなく、ある問題も解決しました。それが公害問題です。

窯で木炭を焼いていると、煙がもくもくと空の方へ舞っていって、環境を悪化させてしまいます。そこで窯から出る煙を収集して、さらにそれを害虫対策や殺菌に使える木《もく》酢液《さくえき》として、商品化するようになりました。

しかしフカヤがこの対策を取り入れたのは、自社の窯だけではありません。同じくタイピンにある他の炭焼き窯においても、木酢液を収集する器具を付けて炭を焼くことをフカヤでは職人たちに教えていきました。

深谷　（他社の炭焼き窯から）収集した木酢液は、うちで買い取ることにしました。買い取った木酢液は、うちの工場で蒸留しています。

つまりフカヤでは、公害問題となっていた炭を焼くときに出る大量の煙をなくしただけではなく、現地の職人たちに技術を提供し、それを収集して商品として買い取るという、まさに一石二鳥のことをやり遂げたことになります。

工場長のシー・ショー・チュアンさんが木酢液のことを、説明してくれました。

タイピンから納められた木酢液の原液はこげ茶色で、ペットボトルのような容器に詰められています。

深谷　工場に集められた黒い木酢原液は、蒸留することによって非常に透明度の高い、油のような色になります。

こうして作られた木酢液は、商品化され、農業などさまざまな用途で活用されています。

――炭は農業用にも、工業用にも、さまざまな場面で使えますよね？

深谷　うちでも農業用の炭を製造しています。木炭は多孔質で、炭1グラム当たりの表面積はなんとテニスコート1面分にもなります。こうした無数の穴は土壌中の有効微生物の住処となり、植物の根に栄養分を運び、なおかつ根元に快適な湿度を保つ役割を果たすので、農業に適しているのです。

また、建築用としては、炭化度の高い木炭は非常に吸湿力に優れているので、建築物床下の湿気取りにも利用されています。こうした床下調湿炭には、うちでは炭化度90％前後のものを用いています。最近の研究では、炭にはシロアリやカビが嫌うマイナスイ

炭を加工し、その多くを日本に輸出しているフカヤの工場

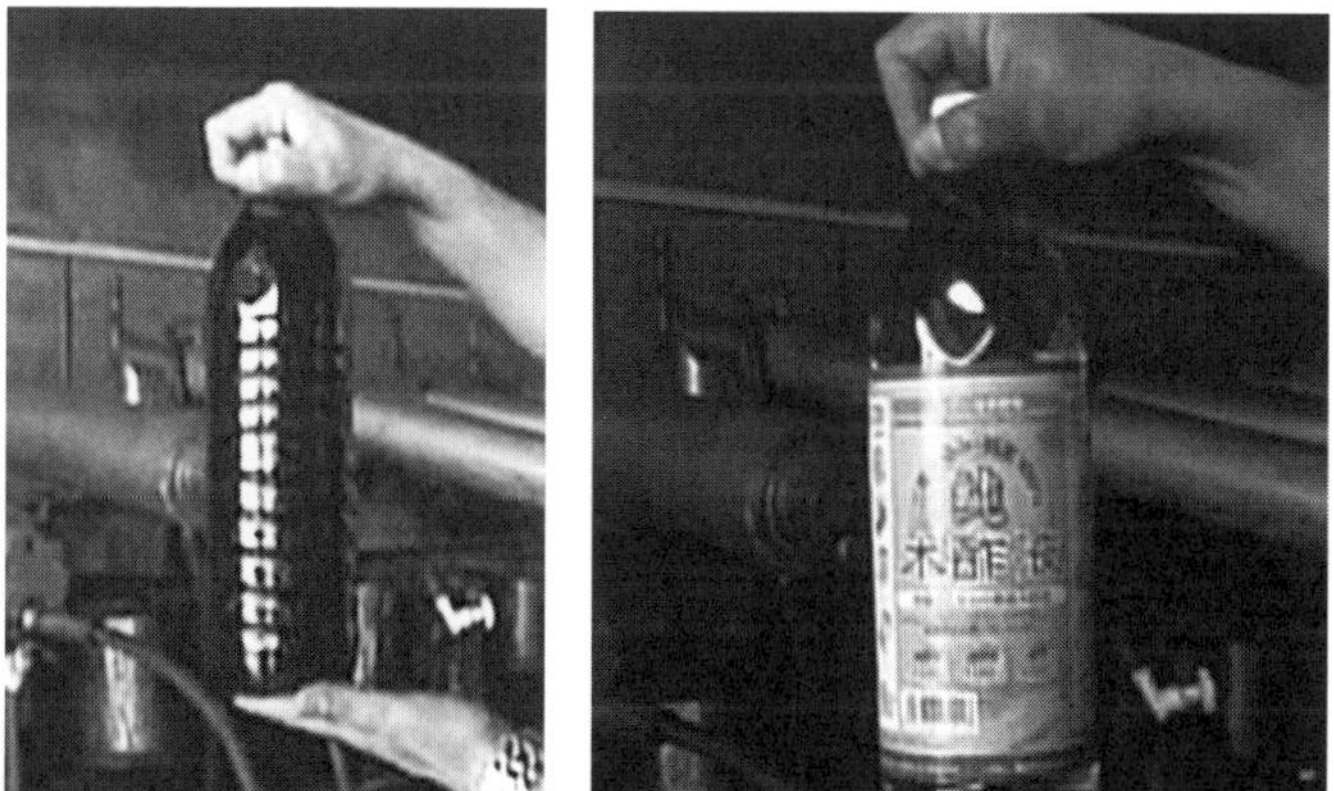

抽出した木酢液原液（左）は、
蒸留後は透明度の高い油に近い色になる（右）

オンを発生させることも分かってきました。

――わたしたちが生活する環境として、将来、水も飲めない、空気も汚い、農薬を撒かないと米も野菜も作れないというのは間違っていると思うのです。養殖魚同士がこすれてキズが付くと全滅してしまうからと、水の中に抗生物質を入れるのも問題です。苦い味の魚ができたり、あるいは普段から魚を食べると同時に抗生物質を食べることになるので、本当に病気をしたときに人間に抗生物質が効かなくなったりします。

炭は、水の浄化や殺菌にも、土地の改良にも使えますし、建築資材に練り込んで使うこともできます。化学的に条件を変えて炭の結晶をつくることにより、さまざまな場面で活用できますよね。

深谷　わたしの祖父も、先ほどの農業用の炭とか、炭をベースにした肥料などについて、ものすごく興味を持っていました。祖父母はユリ科のアマナ（甘菜）の苗を買ってきまして、炭を使ったものと使わないものを比べるために、毎日のように生長の速度を見て、根を引っこ抜いて写真を撮るような実験を繰り返していました。結果は歴然でした。炭を使ったほうが生長が素晴らしいのです。ただし科学的に証明しようとするのは難しいものがあります。

――場合によっては、ブランド化したり、あるいは炭以外のものも混ぜながら研究を行い、結果をノウハウとして売っていったりすることもできるのではないかと思います。各業界での炭の利用が待たれる時代です。今後の研究・開発に大いに期待したいと思っています。

日本の技術はマレーシアでしっかりと貢献していました。マレーシアの力強い経済成長の陰には、海外からの資本や技術を取り入れる積極的な取り組みがあったと言えます。「木炭をつくるために伐《き》ったマングローブの木はコンスタントに植林を続けていく、これも当然のことです」と深谷さんは最後に付け加えました。

こうした考えが世界に広がっていく日も遠くないと思えてきました。

第4章

マレーシアの生活事情

増加する日本人移住者――ロングステイ先としての人気国

成長し続けることで、チャンスにあふれるマレーシア。実はビジネスとは別の側面でも、多くの日本人から注目を集めています。それはロングステイ先としての人気国であることです。

一般財団法人ロングステイ財団が、今どこに移住したいかを日本人に尋ねた「ロングステイ希望国ランキング」があります。そのランキング結果によると、オーストラリアやタイやハワイなどを抜いて、２００６年から２０１４年現在まで、９年連続で第１位を獲得しているのがマレーシアなのです。

仕事目的の移住に限らず、マレーシアで暮らす日本人の数は急増しています。その魅力の一つに、物価の安さや生活のしやすさが挙げられます。

たとえば食事。マレーシアには屋台がたくさんあって、定食を頼んでも日本円で３００円ほど。屋台で飲み放題、食べ放題の食事をしても一人５００～７００円ほどで済みます。

経済成長とともに物価も上昇中なので、この手頃さがいつまで続くかは分かりませんが、日本に比べればまだまだ安い費用でゆったり暮らせるマレーシアは、年金などで暮らすリタイア組には嬉しい限りです。

しかし、物価の安い国は他にいくらでも存在します。マレーシアが人気の理由は他に、穏やかな気候や治安の良さ、さらには生活の質の高さにあるようです。

たとえば買い物に出かければ、日本のイオンはクアラルンプールだけでも6店舗あります。地元のスーパーよりも商品の価格はやや高めですが、なにより品質に安心感があり、日本の食材も自由に手に入るというのが、移住した日本人たちの共通の声です。

浅草の仲見世通りをイメージした「トーキョー・ストリート」という48店舗からなる商店街もあり、日本に関連した商品はそこで揃えることができます。

マレーシアの人たちは親日で、日本食も日本の製品も大人気。外食であれば、「らーめん山頭火」に牛丼の「すき家」。お菓子が食べたくなったら、チョコレートでもスナック菓子でも日本の商品を手に入れることができます。さらに日本の百円ショップ「ダイソー」まであるのだそうです。

さらに生活していく上で大切なことに医療があります。クアラルンプールには、日本語が通じる病院が10以上もあるという便利さです。

現地の医師にかかるような場合でも、日本人スタッフが通訳してくれます。薬も日本での薬名、その効果や副作用、使い方についても日本語で記入して渡してくれます。オープンしたての病院では、日本人患者を迎え入れるべく総勢7名の日本人スタッフを起用していました。

高齢になれば持病の一つや二つ持っているものです。医療事情は住む人たちの重要問題。リタイアした人たちに人気があるのも納得できるというものです。このまま日本人の移住者が増えていくことにより、日本人向けサービスもさらに充実していくかもしれません。

マレーシア政府は、現在一定以上の資産を持つ外国人のロングステイを積極的に受け入れています。その受け入れ対策として、「マレーシア・マイ・セカンド・ホーム」という最長10年の長期滞在型ビザの制度があり、年齢制限や宗教上の制限もなく、経済面での申請条件をクリアすれば誰でも取得できます。10年後以降の更新も可能です。この制度を利用してロングステイする人も年々増えています。

ロングステイ希望国ランキング（２０１５年）

順位	2006	2007	2008	2009	2010	2011	2012	2013	2014
1	マレーシア	マレーシア	マレーシア	マレーシア	マレーシア	マレーシア	マレーシア	マレーシア	マレーシア
2	オーストラリア	オーストラリア	オーストラリア	ハワイ	ハワイ	タイ	タイ	タイ	タイ
3	タイ	タイ	ハワイ	オーストラリア	タイ	ハワイ	ハワイ	ハワイ	ハワイ
4	ニュージーランド	ハワイ	タイ	タイ	オーストラリア	オーストラリア	オーストラリア	オーストラリア	オーストラリア
5	ハワイ	ニュージーランド	ニュージーランド	ニュージーランド	カナダ	カナダ	ニュージーランド	ニュージーランド	カナダ
6	カナダ	カナダ	カナダ	カナダ	ニュージーランド	ニュージーランド	カナダ	フィリピン	ニュージーランド
7	スペイン	フィリピン	スペイン	フィリピン	フィリピン	インドネシア	フィリピン	シンガポール	シンガポール
8	インドネシア	インドネシア	インドネシア	インドネシア	スペイン	フィリピン	シンガポール	アメリカ本土	アメリカ本土
9	イギリス	スペイン	フィリピン	スペイン	インドネシア	台湾	インドネシア	カナダ	フィリピン
10	アメリカ本土	アメリカ本土	アメリカ本土	アメリカ本土	スイス	シンガポール	台湾	インドネシア	インドネシア

一般財団法人ロングステイ財団による調査

夫婦で日本から移住、購入した一戸建て

ロングステイ先としての魅力はこれだけではありません。住環境も大きな魅力の一つです。

首都クアラルンプールで住まいを借りる場合、広さ120平米の2LDKの家具付きマンション、しかもプール付きで家賃は日本円で月額約8万円という安さ！ 快適な住環境が安い金額で維持できることも、マレーシアの人気の秘密に他なりません。そして安い金額で、より質の高い生活を求めて人が集まることも、マレーシアが成長する大きな要因になっています。

近年はイスカンダル計画により、クアラルンプールだけでなくジョホールバル（シンガポール対岸）でも海外からの移住が増えてきています。中でもイスカンダルプテリ地区（旧ヌサジャヤ地区）は、イスカンダル計画の中心地区として住居、行政、教育、医療などの施設が集まる生活拠点であることから、新しい高層コンドミニアムの建設も盛ん

です。

つづいてわたしは、ジョホールバルの不動産事情を探るために、このイスカンダルプテリを訪れ、実際に日本から移り住んだという若いご夫妻にお話を伺うことにしました。

首都クアラルンプールから車で約4時間。少し離れたところに国際貿易や金融の拠点であるジョホールバルの都市部があり、イオンなどのスーパーマーケットの建物も遠くに見えます。

ご夫妻のお名前は、富麻浩洋《とまこうよう》さんと、奥さまのアマンダ・ウーさん。二人はマレーシアで不動産業を営まれています。訪問すると、きれいな白い壁の住宅の前で揃って出迎えてくれました。

「ご無沙汰しています」と、奥さまのアマンダさん。

実はわたしとアマンダさんとは、彼女が日本にいるときに友人の紹介で知り合いました。以来、ずっとお付き合いが続いている友人の一人で、わたしは以前にもこの場所を訪れています。

――豪邸ですね。周りの緑が茂ってきたせいか、以前見た時よりも、生活感が出てきましたね。もう住んでいらっしゃるのですか？

アマンダ　いいえ、まだです。これから内装工事に入るところです。

香港出身のアマンダさんは、日本の一橋大学大学院に留学した際に、日本人の富麻さんと出会い、結婚なさったそうです。

最初は日本で不動産業をしていましたが、お二人とも世界を見渡したときに、これから経済が上向いていく余地のあるマレーシアに可能性を感じて、移住しました。それまでマレーシアに特別な縁があったわけではありません。

富麻　もともと自分たちは日本で大家という立場で不動産業、賃貸業をやっていました。その延長線上でわれわれの強みを考えた時に、彼女は香港出身で、英語や日本語、中国語や広東語がしゃべれるということがありました。

当初は日本での不動産業からスタートしたわけですが、自分たちの強みを生かして海外でも資産を運用しようと、日本での不動産業と並行して、今から5年ほど前にマレーシアで不動産投資を始めました。

――奥さまは4ヵ国語もしゃべられるんですね、素晴らしいですね。優秀なお二人がマレーシアにいらして、国籍もマレーシア人になられたのでしょうか？

不動産業を営むアマンダさん

富麻浩洋《とまこうよう》さんとアマンダさんご夫妻が住まわれる予定の家

富麻　国籍はそれぞれで、わたしは日本ですし、彼女は（香港出身で）イギリス国籍です。

――本当に国際的ですね。お子さんが生まれたとき、国籍は選べるのでしょうか？

二人　はい。

わたしたちの横に立つ真新しい白壁の大きな住宅は、お二人が自らの住居として購入した物件です。さっそく中を見せていただくことにしました。

広々としたエクステリアを通り抜け、大きな両開きの玄関の扉を開くと、そこはキッチンと隣接した大空間（リビング）になっていました。テラスにも通じ、壁一面が大きな窓に囲まれています。

ゆったりとした幅の広い階段を上ると、二階にはさらにダイナミックな、緑豊かなイスカンダルの景色が一面に広がっていました。あらゆるストレスからも解放されて暮らせそうな見事な景色でした。

——3年前に購入されたのですよね？　そのときの価格はいくらだったのですか？

アマンダ　当時日本円で、大体7000万円くらいでした。頭金は2割。今買うなら3割か4割は必要ですが。

——だんだんディベロッパーが強気になっているんですね。

アマンダ　7000万円で購入した不動産も、3年で1億5000万円になりました。ここから車で15分くらいのシンガポールの工業団地では、同じサイズの住宅でも5億か6億円はしています。

——シンガポールの工業団地って、ここから橋を渡ってすぐの所ですよね？　距離はたいして変わらないのに、マレーシアで不動産を7000万円で購入できたということは、凄い投資になりましたね。

不動産を購入する場合、日本人って話のいいところだけ聞いて騙されて、大失敗することがよくあります。アマンダさんから見て、どうしたら回避できると思いますか？

アマンダ　まずは情報収集。あとは現地に自分で足を運んで、きちんとディベロッパーを選ぶということですね。たとえば今回購入したディベロッパーは、マレーシア政府最大のディベロッパーだったのですが、そういう所から購入すると安心ですね。

――つまり政府が持っている土地を、開発している人たちが売り出しているのだから、一番嘘の入る余地はないということなのですね。

それだけイスカンダル計画というのは、マレーシア政府が総力を挙げて頑張ろうとするものなのですね。世界のどこの人が来ても、胸を張って「ここに住まないで、いったいどこに住むと言うの？」「シンガポールとここと、どっちがいいと思ってるの？」というような気持ちで開発しているということですよね。

アマンダ　はい、その通りです。

アマンダさんはわたしの言葉の一つ一つに頷いていらっしゃいました。

教育熱心な中間層の一般家庭

マレーシアでは経済的な意味での中流の人々が増加しています。国の成長を支える中流層と言われる人たちは、いったいどのような暮らしをしているのでしょうか？　わたしはつづいて、実際に共働きで生活をしているマレーシア人のご一家に、お話を伺いに行くことにしました。

ジョホールバル外れの静かできれいな住宅街。道幅4メートルほどの道路を挟んだ両側には、よく似たパティオ（壁や柱廊で囲われた戸外の空間）付きの平屋建てが10軒くらい並んでいました。パティオの前庭は駐車スペースにも使えるようになっています。もちろんゲート入口にはセキュリティーが24時間常駐し、この集合住宅の安全を保障しています。

ほとんど同じような白壁の家が続く中で、ややデザインに特徴がある家がありました。パティオから住宅に入って行く造りの、30坪ほどの家。マレーシアの中流家庭の家という印象です。

そこが、これからお話を聞かせてくださるハシムさん一家のお宅でした。住んでいるのは、ハシムさんと妻のラヒマンさん、その長男で9歳のラズミくんの三人。大きな門の前でブザーを鳴らすと、奥さまのラヒマンさんがすぐに出迎えてくださいました。

ハシムさんとラヒマンさんは、夫婦ともに日系企業に勤めているため、日本語は堪能です。「日本にも4年間留学しました」と、奥さんのラヒマンさん。マハティール政策「ルックイースト（Look east）」で6000人のマレーシア大学生が日本に1980年代に留学したその一人がラヒマンさんなのです。

マレーシアの家庭では、子供の数は平均3人くらいだそうですが、ハシムさん一家はお子さんがラズミくん一人。少子化の日本と同じような家庭がここにありました。

「少し散らかっていますが、こちらがダイニングです」と、早速ラヒマンさんが家の中を案内してくださいました。

案内されたダイニングは、奥がキッチンになっている長細い間取りをしていました。

お話を聞かせていただいたハシムさんご一家。左がご主人のハシムさん、右が奥さまのラヒマンさん、中央がラズミくん9歳

壁の上半分はピンク色、下半分は同系色のあずき色で塗られていました。壁の配色さえ除けば、日本の家庭でも見られるようなダイニングでした。ダイニングの手前には、トイレとお風呂がありました。

「ここが子ども部屋です」。ラヒマンさんは、つづいてダイニングの左側のドアを開けながら言いました。

ベッドや勉強机の置かれた部屋は、六畳くらいのスペースがありました。9歳のラズミくんは、たった一人でこの部屋を持たせてもらっていることになります。

ラズミくんはご夫妻のように日本語はわかりません。しかし9歳にして英語とマレー語の2ヵ国語を話すのだそうです。マレーシアでは小学校から、英語の教育に力を入れています。

部屋に入って来たラズミくんは、わたしに本を見せてくれました。ウォルト・ディズニー・カンパニーが製作した百科事典で、歴史や発明家の話、冒険の話、科学の話などが英語で書かれています。楽しく、英語が憶えやすいように工夫されていて、ラズミくんは4歳からずっとこの本を読んできたのだそうです。一人で読んで、分からないところがあれば、母親のラヒマンさんに教えてもらいます。

公立小学校に通うラズミくんの生活

ラズミくんの机の上には遊びかけのレゴが置かれ、その横の箪笥《たんす》の上には、表彰カップがたくさん並んでいました。「これは？」と、わたしはそれらのカップを一つ一つ順に指して、聞いていきました。

ラヒマン　このカップはコーランリーディングに対して与えられたものです。これ（別のカップ）はイングリッシュアクションに対して与えられたものです。そしてこれは、図書館で一番たくさん本を借りたことにより、与えられたものです……。

――学校では子供たちに奨励して、こうした賞をたくさんあげるようにしているということですか？

ラヒマン　そうです。こうした賞は中学校に行く際に大事なものになります。たとえば学校の代表でもらったとか、州の代表でもらったなどの実績があると、いい中学・高校に行けることになります。

――いい高校に行けて、なおかつ奨学金ももらえて、いい大学にも行けるということですね。コーランもたくさん暗記しているのですか？

ラヒマン　コーランリーディングに関しては学校で1位の賞を獲り、今はジョホール州の代表としての賞も持っています。

――州の代表ということなら、コーランのどこをと言われても、すぐに言えるということですか？

ラヒマン　はい、そうです。コーランは（節《ふし》を付けて）歌みたいにして憶えます。

――だけど、代表で勝ち上がってきた人たちみんなで競争するわけで、ハッキリした勝ち負けの中で、上へいくにはどんどん勝ち上がっていかなければなりませんよね？　そういうのを教える学校ってあるのですか？

ラヒマン　はい、あります。彼は朝の7時から昼の1時半頃まで小学校に行きます。帰ったら、午後2時から3時半までイスラム教の学校に行っています（コーランリーディングの勉強）。

3時半に帰ったら、4時から5時半まで勉強します。おやつを食べて、その後サッカーをしたりして遊び、その頃私が仕事から帰って来て夕飯の支度をし、夕飯を皆で食べてから、7時から9時までは、わたしが学校の勉強を教えています。

――小学校はどんな学校に行っているのですか?

ラヒマン　公立のSK(国民学校)ですが、公立の小学校にもいろいろな学校があり、この辺ではベストと言われる学校に行っています。それとは別に州の中に5つぐらい、いい学校があります。小学校に入学するのに試験も面接もあります。

――一番いい学校に通っているということですね。

ラヒマン　いま9歳で小学3年生ですが、一クラス30人、3クラスだけになっています。

――試験も面接も受けて、先生がしっかりと教えられるようないい学校に入って、その中でもラズミくんは超優秀なスーパーボーイなのですね。(ラズミくんに向かって)そんなに勉強して疲れないの？

ラヒマン　でも、遊びも凄いんですよ。この集合住宅はゲートシティで、入り口にガードマンが24時間常駐しているから、セキュリティーが完璧です。ゲートの中に公園があるから、子供たちは夜遅くまで外で遊べます。大人が見張らなくてもよいのがとても楽です。

それに、彼は勉強だけではなく、絵を描くのも好きです。絵はドリームスクールで描いています。

ラヒマン　金・土は学校が休みなので、学校の勉強だけではなく、休みの日には絵を描いたり好きなことをしています。

ラヒマンさんが息子の教育のゴールに決めているのはマレーシアトップクラスに躍り出る人材になることだと、手に取るように感じられました。そしてラズミ君は明るい希望にあふれた眼差しで、その期待に応えていける子供だと感じさせられました。

マレー人ラヒマンさんの家庭料理

ラズミくんの部屋を出て、ダイニングに戻ってきました。キッチンには大きな格子窓があり、思ったよりもずっと涼しくできています。

――共稼ぎで働いていらして、お子さんを育てるのは大変ではないですか?

ラヒマン そうですね。うちの子も小さな頃は人に預かってもらっていました。

――こちらの方ってお手伝いさんを雇いますよね? お忙しいのにお手伝いさんは雇わないんですか?

ラヒマン わたし自身が料理が大好きなこともあって、基本的にはお手伝いさんは雇いません。ただ掃除や毛布の片付けなどのためには、1ヵ月に一回だけメイド（お手伝いさん）を呼んで手伝ってもらっています。

――お手伝いさんに頼むのは最低限で、あとは全部料理も作って、子どもの勉強もみて、そしてご家族仲よく暮らしていらして、偉いですね。

ラヒマン　でも普段は簡単な料理ばかりです。土・日だけは凝ったものを作ります。先ほどちょっと料理を作りましたから、どうぞこちらに見にいらしてください。

わたしは靴を履いて、半屋外のパティオに案内されました。そこにはバーベキューができるようなスペースに、マレーシアの家庭料理がズラリと並んでいました。

ラヒマンさんが料理を順番に解説してくれました。

①マレーシアで定番の焼きそば料理「ミーゴレン」

麺にはビーフン、その中にトマト、豆腐、エビ、味噌が入っています。日本の焼きそばよりも、ピリッと辛い味付けです。

②マレーシア版カレーパイ「カリパ」

小麦粉とバターでパイ生地をつくり、中にカレーペーストの里芋やじゃがいもを入れて、油で揚げています。

①焼きそば料理「ミーゴレン」

②マレーシア版カレーパイ「カリパ」

③チキンカレー

イスラム教徒は豚肉を食べることが禁じられているため、マレー料理には鶏肉がよく用いられます。カレーはココナツミルクで味付けされて、スパイスが効きつつ、まろやかな味わいです。

④マレーシア版クレープ「ロティジャラ」

チキンカレーに浸けて食べる、いわばカレーの主食です。ロティジャラはマレー語で網目状のパンという意味で、小麦粉と卵とミルクを混ぜた生地をカレーに絡みやすいように網目状に焼き、クレープのように生地を巻いて仕上げています。

③チキンカレー

④マレーシア版クレープ
「ロティジャラ」

⑤ニョニャ料理の定番「オタオタ」

イカン・テンギリというサワラに似た魚のすり身に、チリペッパーなど東南アジアのスパイスをブレンドして塗り、ココナッツの葉で包んで焼き上げた、少し辛い焼きかまぼこのような料理です。

⑤ニョニャ料理の定番「オタオタ」

ニョニャ料理とは、マレー料理と中華料理の合体料理のこと。15世紀後半から20世紀にかけてマレーシアに移住してきた中国人男性が、現地のマレー人女性と結婚し、生まれてきた混血の子孫「プラナカン」（そのうち女性をニョニャという）に代々受け継がれてきた料理です。

——おいしそう！　これだけ用意するなんて、すばらしいですね。

ラヒマン　量は少なくなりますが、品数はいつもこんなものです。会社から帰るのは6時か7時ごろなので、料理は帰ってすぐに作って食べられるように、あらかじめ朝5時か5時半に起きて、準備してから出かけます。

土・日は市場に行って、一週間分の買い物をして、下ごしらえして冷凍庫に入れておくようにしています。あとは炒めたりするだけですので、普段の料理には時間はかかりません。

たとえば魚料理に野菜料理というように組み合わせて作り、それほど大変なことではありません。全部で、1時間ほどで作りました。

――お料理の名人ですね。

ラヒマン　でも後片付けは嫌いです。後片付けはお父さんがやってくれます。

ハシムさん一家は家族が揃って食事をすることを心がけているそうです。

インド系マレーシア人女性の中には専業主婦を一つのステイタスと捉える人もいて、

結婚すると働かない場合も多いようです。逆に中国系マレーシア人女性の場合には、完全に男女同権の考え方に立ち、男性と同じように出世を望む女性も多く、結婚しても家では料理はしないと決めて、ミニキッチンにしてしまう女性もいるようです。料理は全部ケータリングですます家庭が増えているのです。

そんな中で、ラヒマンさんは、しっかりと家庭に根を張り、主婦業をこなしながら働くマレー系マレーシア人女性でした。

共働きマレーシア家庭の家計簿

パティオの奥の部屋で、わたしたちは食後のお茶をいただきました。

この界隈の住民たちはとても仲が良く、料理を持ち寄っては集まり、パーティーを行うことも珍しくないそうです。マレーシアでは近代化が進む一方、昔ながらの近所づきあい、地域共同体での助け合いの文化が残っており、子育ても皆で助け合いながら行っているのです。

――ラズミくんの夜の勉強はご飯を食べてからですか？

ラヒマン　はい、夕食後にしないと、お腹が空いたと言われて勉強に集中できませんから。

――お二人の出会いは大学が同じだったということでしょうか？　お二人の大学は日本でいう東京大学みたいなところですよね？

ハシム　はい、マレー大学です。

――今から20年前ぐらいに学生だったことになりますよね？　首相のマハティールさんが「日本に行け、日本に行け」と叫んでいた時代ですよね？

ハシム　はい、そうです。

――日本だったらアメリカに行ったり、フランスに留学していたりしていた明治維新のような、そういう時代に国の代表のようなかたちで選ばれたわけですよね。個人主義で世界に躍り出すのではなくて、我慢強くよく学び、勉強したらちゃんと国に帰ってきなさいよ、という時代でしたよね？

ハシム　はい、そうです。

ラヒマン　高校を終えた段階で、マレー大学に1年間通う中で、日本の大学に入る準備をしてから日本の電気通信大学に入りました。4年で卒業し、パナソニックの採用面接も日本で受けて、国に帰ったらすぐに仕事に就きました。

――最短コースの勉強だったのですね。今だったら日本に来て1年か1年半、日本語を勉強しながら受験の準備をして、それから外国人専用の日本の大学の試験を受けて、受からないとまた語学の勉強をしなければならないことになります。

ラヒマン　わたしたちの場合は日本の大学に入る受験勉強は、マレー大学の中で行いました。

——受験した全員が日本に行かれたのですか？

ラヒマン　全員は行けません。受験に失敗した人もいました。日本に行くことのできたのは300人のうち80人でした。約4倍の倍率ですね。

——お二人とも優秀だったんですね。

お茶を終えたところで、いよいよマレーシアの一般家庭の内情をお聞きしてみました。

ラヒマン　マレーシアの学校の授業料は、小学校から高校まで全部、政府から出るので無料です。また病気をした場合も、国立の病院に行くと、マレーシア人なら1リンギット（約30円）で済みます。

――どんな病気でも、30円払ったら、後は払わなくてもいいのですか？

ラヒマン　一般の病気なら、それ以上は支払わずに済みます。ただし、エックス線検査とかを受けると、別に10リンギットとかがかかる場合もあります。

――10リンギットでも安いですよね。国が国民を非常に手厚く守って、高校まで授業料はタダ、教科書もタダ……。何だか夢のような気がしますが、これがマレーシアの現実なんですね。

わたしは、生活費や教育費はどれだけ使っているのかなど、マレーシアの生活を具体的にイメージするために、1ヵ月の支出の内訳を円グラフにしていきました。

完成した円グラフは、食費＝20％、車・ガソリン代＝20％、教育費用のための貯金＝

10％、国家サポートによる利子補給付き貯金（マレーシア人貯金）＝8％、残りの42％は、住宅や衣類にかかる費用、海外旅行のための貯金、病気をしたときのための医療保険といったところでした（この時は話題にのぼりませんでしたが、ここに携帯電話・ネット代が加わります）。

ハシムさん一家の収入に占める生活費の割合

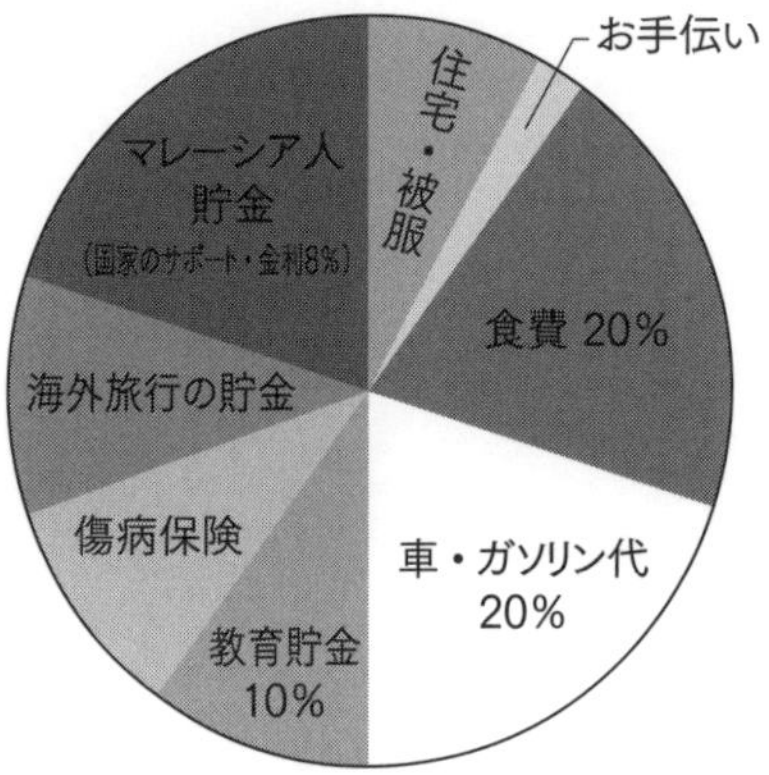

驚いたのは、病気をしたときのための貯金、海外旅行のための貯金、教育費用のための貯金と、目的別に貯金が三つもあり、保険を含めて収入の半分近くまでが貯金に回せていることになります。

社会保障が充実し、国民皆で社会全体を支える仕組みが整っているゆえ、国による手厚いサポートが受けられるのがマレーシアという国なのです

しかしこれはマハティールによってマレー系民族だけに与えられた特権的な保障であり、8％の金利のついた貯金は素晴らしいがマレー系以外の中華系、インド系のマレーシア人には与えられていないとの不平等感から、多民族国家の中での大きなストレスを生む原因になっているようです。

第5章

多民族国家マレーシアの経済政策

富裕な華人と貧しいマレー人

マレーシアは、多民族国家です。主な民族としては、マレー系マレーシア人（マレー人）が約66％、中国系マレーシア人（華人）が約25％、インド系マレーシア人が約８％で構成されています。

他に、サラワク州のイバン族、ビダユ族、サバ州のカダザン族、西マレーシアのオラン・アスリなどの先住民がマレー系に含まれていますが、各民族はそれぞれの文化、風習、宗教を生かして暮らしています。

マレーシアはそうした多民族国家であるがゆえの、さまざまな問題を抱えてきました。その一つが、民族による経済格差です。

２０１２年の民族別の世帯平均月収は、多い順に中国系マレーシア人が６３６６リンギット（日本円で約19万６０００円）、インド系マレーシア人が５２３３リンギット（約15万７０００円）に対し、マレー系マレーシア人は中国系マレーシア人よりも日本円で６

万円近く下回る４４５７リンギット（約13万３７００円）でした。マレーシアは、人種別に一人当たりのＧＤＰが大きく異なる国なのです。

なぜこれだけの格差が生じているのでしょうか。

マレーシアを含む東南アジアの諸国ではかつて、商業を軽視し、農業を重視する傾向がありました。そんな中、農業を営む土着のマレー人に対し、この地で様々な商売を興

マレーシアの民族構成

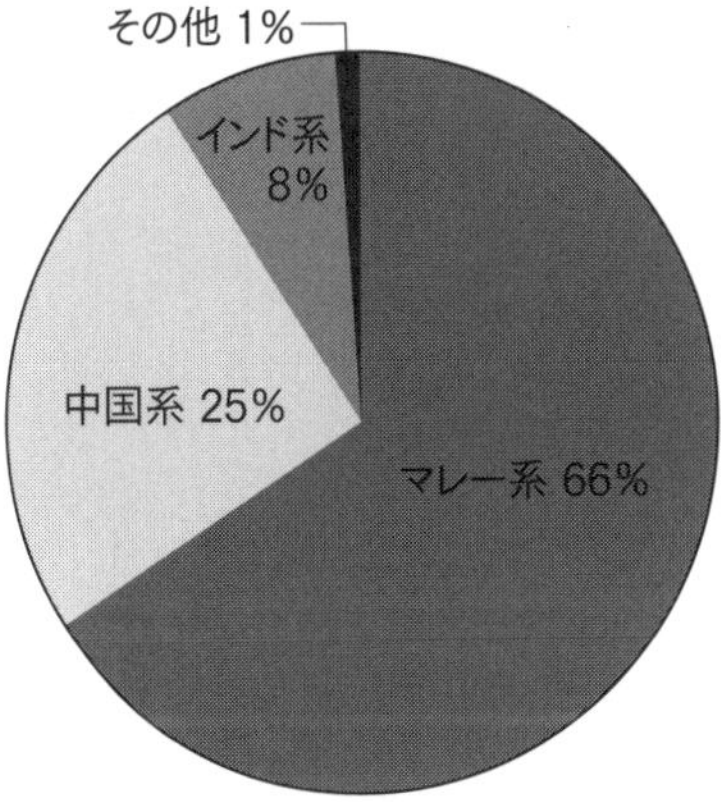

出典：「マレーシア統計局2013年」
＊サラワク州のイバン族・ビダユ族、サバ州のカダザン族、西マレーシアのオラン・アスリなどの先住民族はマレー族に含む

して富を蓄積し、経済的な地位を固めていったのが中国系マレーシア人、いわゆる華人たちでした。

季節風を利用した船の渡航、いわゆるモンスーン貿易が盛んだったマレーシアでは古くから、中国やインドからの移民が多くいました。

中国系マレーシア人の中には、前章のニョニャ料理の説明で触れたように、15世紀後半から20世紀にかけてマレーシアに移住し、マレー系の現地女性と結婚した子孫であるプラナカンも多くいる一方、大半はイギリス統治下において奴隷的な立場で連れてこられた賃金労働者の子孫とされています。

この他に、シンガポールを拠点に貿易業を営んでいた人たちや、清朝崩壊後あるいは中国国民党の追放による政治難民、さらにはマラッカ海峡を

マレーシアの民族別世帯所得

民族名	1970年	1990年	1999年	2004年	2009年	2012年
マレー人	172	940	1,984	2,711	3,624	4,457
華人	394（マレー人の2.29倍）	1,631（同1.74倍）	3,456（同1.74倍）	4,437（同1.64倍）	5,011（同1.39倍）	6,366（同1.43倍）
インド人	304	1,209	2,707	3,456	3,999	5,233

単位＝リンギット（1リンギット＝約26円〔2017/06/04時点〕）

出典：マレーシア統計局「世帯別収入調査2012」

拠点とした海賊（後期倭寇《わこう》）の末裔も、統計上では中国系マレーシア人とされています。

彼ら華人たちはマレーシアの中では少数でありながら、少数ゆえの地位確立の努力や、そもそも貿易目的にマレーシアにやって来た人たちが多くいる背景もあって、商売でたちまち頭角を現し、マレーシア経済の80％から90％を牛耳《ぎゅうじ》るとさえ言われる立場になっていきました。

その結果、もともと農耕民族だったマレー人はとりわけ華人に対し、経済的に大きく遅れをとることになりました。特に農村部の遅れはひどく、昔からのんびりと住み続けているマレー人と、精力的に商売展開する華人との経済格差は、非常に大きなものになってしまいました。

経済格差を減らす「ブミプトラ政策」

そこで国民の経済格差を少なくするために、所得が低く、国民の7割近くを占めているマレー人を保護し、優遇していこうという経済政策が打ち出されました。それが１９７１年にはじまった「ブミプトラ政策」です。

「ブミプトラ（bumiputera）」とは、「土地の子」「地元民」を意味します。ここで言う「地元民」とは、中国やインドからの移民を含まない、昔からマレーシアに住んでいるマレー人を指しています。このマレー人の中には、オラン・アスリなど、山地やボルネオ島で暮らす土着の少数民族も含まれています。

ブミプトラ政策では、マレー人は学費や医療費の優遇のほか、租税も軽減されます。住宅等の分譲物件もマレー人にのみ販売価格が一定額、優遇されています。工場や住宅も一定の割合をマレー人のためにキープしておくことが義務付けられ、そのためマレー人は競争がなく、いい条件の物件を手に入れることができるようになっています。

銀行融資においてもマレー人は、個人でも企業でも、優先的に良い条件での融資を受けることができ、業務上の特定の免許なども優先的に発給してもらえるようになっています。さらにマレー人が１００％出資している会社は、政府系の仕事を優先的に受注することができるようになっています。会社を設立する際にも、マレー人を株主にしなければならず、役員や社員の一定数は、能力のあるなしにかかわらずマレー人でなければならないことになっています。

経済活動における優遇策のほかにも、就職の際は公務員や政府系の基幹産業における人材の採用等でもマレー人が優遇されています。大学への進学に際してもマレー人は国立大学へ優先的に入学できる等、優遇措置が取られています。

教育言語は初等教育から大学まで、マレー語を国語とし、中国系の学校でもマレー語が必修科目になっています。

こうしたブミプトラ政策の結果、政策がはじまる前年の1970年にはマレー人と華人との間に2・29倍の開きがあった所得差は、2009年に1・39倍にまで差が縮まり、その後のブミプトラ政策の見直しによりやや差を広げたものの、2012年には1・43倍になりました。

マレーシアでは依然として、マレー人の所得は他の民族に比べて低いとはいえ、政策実施前と比べて、かなり格差が縮まってきたことは確かです。

優遇政策のために、マレー系住民はあまりの過保護で余計にのんびりしてしまうのだという陰口を耳にすることもあります。

格差縮小で急増する中間層

ブミプトラ政策による民族格差の縮小は、同時に国内の貧困率を大幅に下げてきました。人口に対するマレーシアの貧困率は、2009年には3・8%だったのが、2012年には1・7%、2014年は0・6%にまで減少しました。「第10次マレーシア計画」（2011〜15年の中期経済開発計画）で掲げた貧困率の目標は2%だったので、女性の社会進出に伴う共働きの増加もあって、前倒しで目標を達成したことになります。

ちなみにこの貧困率は、世界銀行が定めた国際貧困ライン（一日1・90ドル以下で暮らす人）ではなく、マレーシア政府が定めた貧困ライン（マレーシアで生活に必要な最低限の所得）以下で暮らす貧困層の割合を指しています。

貧困率の減少に伴い、増加し続けているのがマレーシア国民の世帯平均収入です。本書の冒頭でマレーシアは日本に比べて物価が安いと書きましたが、国民の一ヵ月におけ

マレーシアの貧困者比率の推移

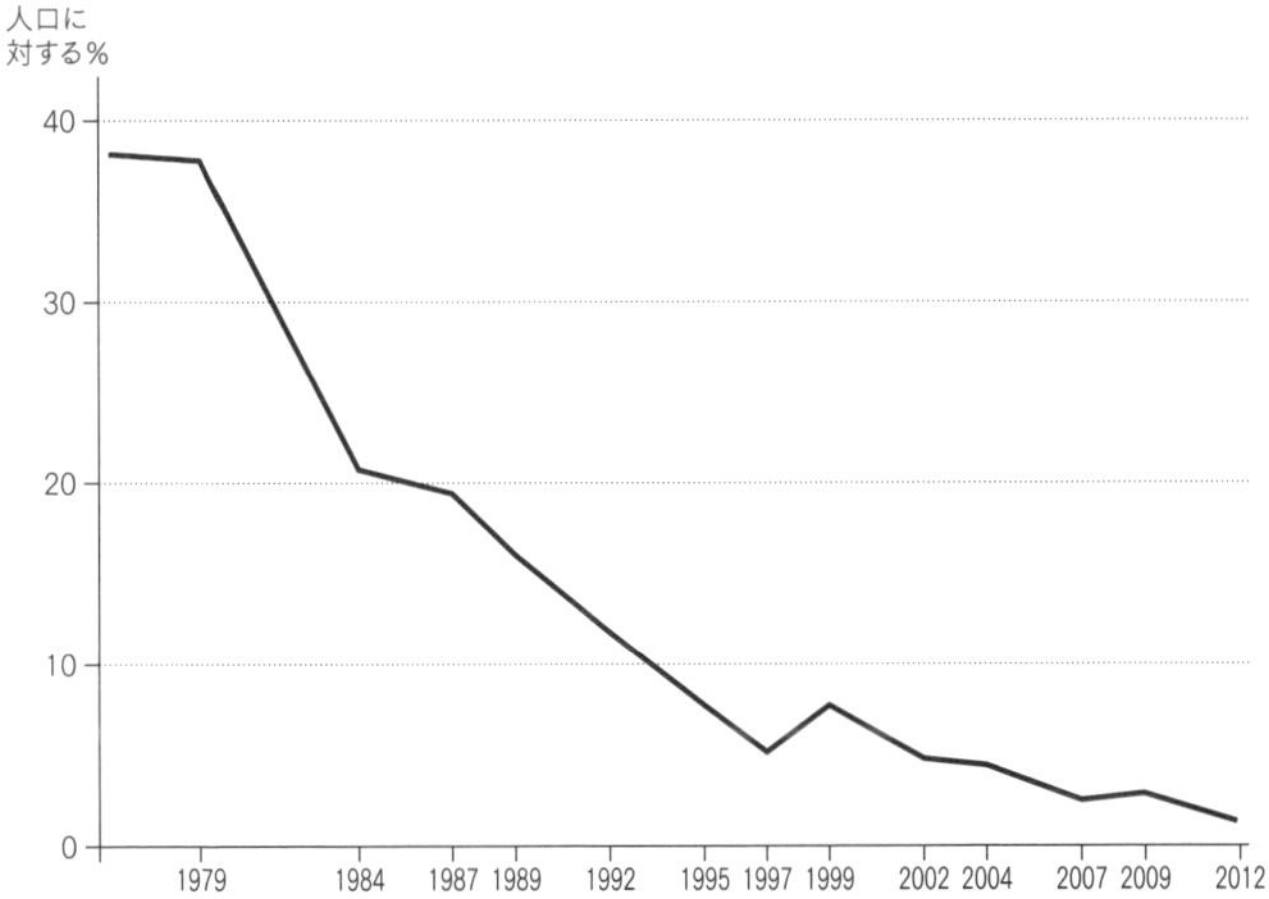

年	1979	1984	1987	1989	1992	1995	1997
人口に対する比率 %	37.4	20.7	19.4	16.5	12.4	8.7	6.1

年	1999	2002	2004	2007	2009	2012
人口に対する比率 %	8.5	6.0	5.7	3.6	3.8	1.7

＊貧困基準はマレーシアの貧困ラインによる貧困者比率であって、世界基準とは異なる

出典：マレーシア統計局及び世界銀行データカタログ 2015

る世帯平均収入は2009年には4025リンギット（約12万750円）だったのが、2012年には5000リンギット（約15万円）、2014年には6141リンギット（約18万4230円）と、この5年間で月額6万円以上の伸びを示しており、貧困層が減って国が急激に豊かになっていることがうかがえます。

マハティールの打ち出した「ビジョン2020」（2020年までにマレーシアを先進国にするという国家目標）には、国民一人当たりのGDPを3万USドル（約330万円）にしようとする目標も入っていました。イスカンダル計画も、その目標を達成するための大がかりな施策となっています。

2014年にようやく国民一人当たりのGDPが1万804ドルになったところで、日本の3万6332ドルと比べればまだ3分の1程度ですが、タイと比べて2倍、インドネシアと比べて3倍となり、マレーシアはASEAN（アセアン）諸国の中において、シンガポールを除くと非常に高い水準に達しています。日本に追いつくのも時間の問題かもしれません。

多民族が共に暮らすマレーシアでは、マレー人を経済的に優遇する国策が実施された結果、安定した暮らしができるマレー人が増え、中流所得層の人たちが急激に増えました。中流層以上の人口の割合は、8割ほどに達しているのではないかとさえ言われています。

前章に登場していただいたマレー人のハシムさんご夫妻は、ルックイースト政策が推し進められる中で、日本にも留学し、豊かな生活を手に入れることになりました。しかし、そんなハシムさんご一家の生活も、背景を突き詰めていくと、マレー人優遇政策であるブミプトラ政策によって支えられているのです。

ASEAN主要6カ国の
国民一人当たりのＧＤＰの比較

シンガポール	5万6319ドル
マレーシア	1万803ドル
タイ	5444ドル
インドネシア	3533ドル
フィリピン	2865ドル
ベトナム	2052ドル

出典：国際通貨基金（IMF）による
世界経済見通し（2015年4月）

教育言語と民族間の教育格差

民族問題は、教育にも大きな影響を及ぼしています。

マレーシアは多民族国家であるがゆえに、多くの言語（それぞれの母国語）が存在します。その中でマレーシアの公用語は、イギリス植民地時代から1967年までは英語、その後はマレー語となっています。

中国系マレーシア人たちの間では、学校教育ではマンダリン（北京の役人が用いる標準中国語）が用いられていますが、イギリス統治下において奴隷的な立場で連れて来られた中国人の子孫や、シンガポールを拠点に貿易業を営んでいた人たち、清朝崩壊後あるいは中国国民党の崩壊後に逃げて来た人たちが家族の間で使っている言語ということになると、広東語や福建語、もしくは閩《びん》語、潮州語、客家《はっか》語など、中国や台湾の非常に多くの地方語が存在します。

さらにインド系マレーシア人によるタミル語、先住民族の言語としてイバン語、ビダユ語、カダザン語、オラン・アスリによる諸言語など、さまざまな言語がこの国には存在しています。

そうした多くの言語が存在する一方、政府はイギリスからの独立後に多額の教育予算を組み、植民地時代の英語重視からマレー語重視の教育政策に転換してきました。その結果、やはり不利な立場に置かれるのが、マレー語以外の言語を用いる子供たちです。

マレーシアの学校制度では、小学校にあたる初等教育が6年、中学校にあたる前期中等教育が3年、高等学校にあたる後期中等教育が2年、大学予備教育が1〜2年となっています。その後、大学に3〜6年間通うことになります。

マレーシアでは公立の学校であれば、初等教育から後期中等教育までの11年間（日本でいう高校まで）、無償で教育が受けられます。しかし、マレー人が政策で優遇されるのは教育の分野でも同様です。公立の小学校はマレー語を教育言語とする「国民学校」と、中国語やタミル語が教育言語の「国民型学校」がありますが、そこから中国系やインド系のマレーシア人が公立の中学校へと進学する場合、公立の中学校はマレー語が教育言語の学校しかありません。

つまり中学校から先はマレー語でしか授業を受けられないため、中国語やタミル語を用いる「国民型学校」で学んだ生徒は、言語の異なるマレー語の公立中学校へ進む以外は、中国語やタミル語を用いる私立中学校に進むしかないのです。

さらに、受験システムの弊害もあります。マレーシアでは日本でいう小学校から高等学校にあたる初等教育、前期中等教育、後期中等教育、大学予備教育の各修了時点で国家統一試験が実施され、この成績に応じて進学先が決定されます。

しかしマレー人を優遇したブミプトラ政策により、公立の中学校に進む際の全国統一の小学校修了試験は、マレー系の小学校卒業者の場合には、受験さえすれば試験の結果にかかわらずそのまま中学校に進級できるようになっています。

一方、中国語またはタミル語を教育言語とする「国民型学校」を出て、さらに公立の中学校に進学しようという場合には、マレー語の2科目（筆記と読解）の試験で成績が悪かった生徒は、中学校に進級することができなくなってしまいます。

中国語やタミル語を用いる小学校でもマレー語は必修科目になっていますが、その履修時間はまちまちなので、中国系、インド系の小学校を卒業した生徒にとっては、マレー語の試験は大きなハンディになります。試験の結果が悪かった場合には、1年の予備学年を履修することになり、履修してからでなければ、公立の中学校には進級できないことになっているのです。

それまで自分の民族の言語で教育を受けてきた中国系やインド系マレーシア人にとって、教育費が無償とはいえ中学校へ進むことは、誰にでも平等に与えられた権利ではないのです。

マレーシアの中等教育における
私立校入学者の割合

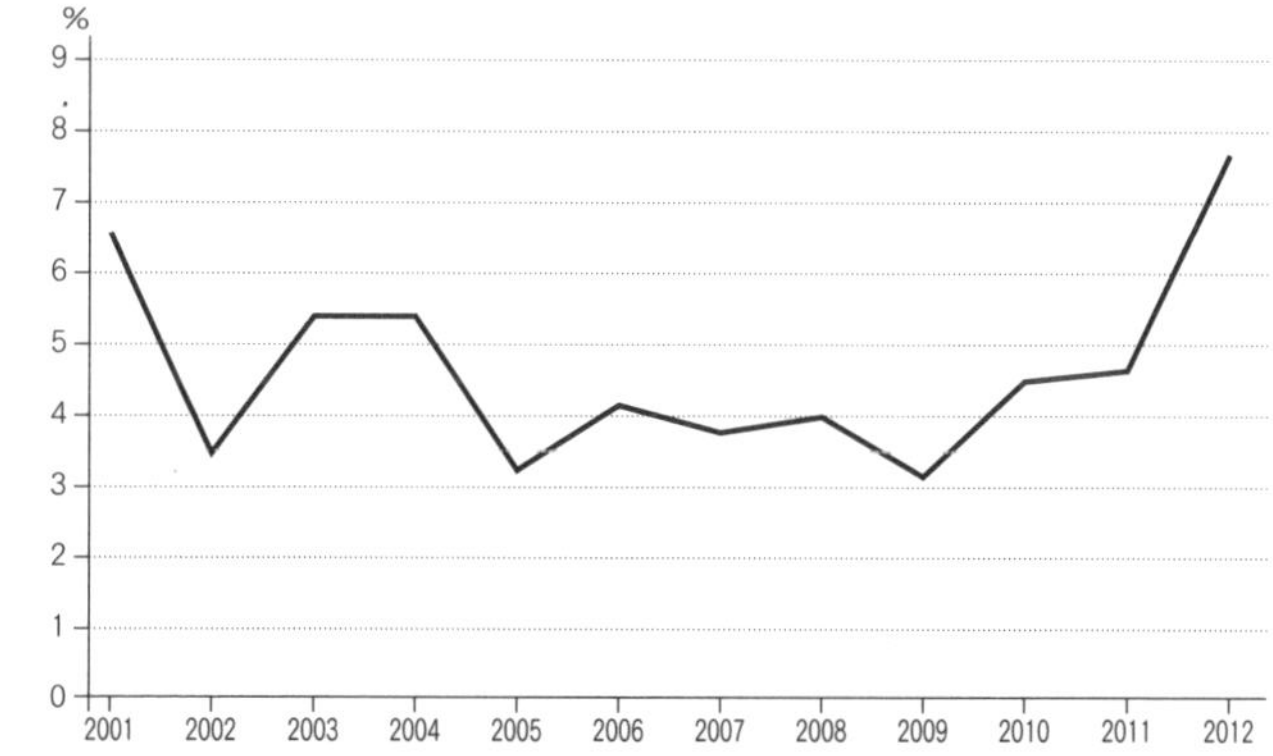

年	2001	2002	2003	2004	2005	2006
%	6.6	3.5	5.3	5.3	3.2	4.1

年	2007	2008	2009	2010	2011	2012
%	3.8	4.0	3.1	4.5	4.7	7.7

中学校の総入学者数（公立及び私立）に対する私立への小学校への入学者の割合

＊公的機関から財政支援を受けている場合でも、公的機関が運営していない教育機関は「私立」に含む

出典：世界銀行・教育統計（2015年3月）

中国系マレーシア人に多い海外留学

マレーシアの小学校（初等教育）の「純就学率」は、2005年の段階で97％。純就学率とは、初等教育の公式年齢の人口を分母として、学校に在籍している割合をいいます。

それとは別に、早期入学する生徒、遅れて入学する生徒、留年により該当年齢超過の生徒も含めた小学校の「総就学率」は、2005年の段階で101・4％にのぼります。

一方、入学に試験を要する（ただしマレー人は試験結果に関係なく誰でも進学できる）中学校への純就学率は、2012年の段階で68・8％。早期入学する生徒、遅れて入学する生徒、留年により該当年齢超過の生徒も含めた総就学率は、ほとんど純就学率と並行して推移しており、2012年には70・8％になっています。

次に、私立学校に通うマレーシア人の割合を追っていくと、小学校から私立の学校に進学する生徒は1・8％、私立の中学校へ進学する生徒は7・7％となっています。特に小学校ではほとんどの家庭が、無償で教育を受けられ、中国語やタミル語を用いる学校も選択できる公立学校（国民学校・国民型学校）を選択していることが分かります。

では、私立学校に通うのはどのような人たちなのでしょうか。

私立中学校には、マレー系の5年制の私立学校とは別に、中国語を主体とした教育を行っている6年制の「独立中学校」(Chinese Independent High School) があります。

独立中学校はマレーシア国内に60校あるとされ、そこに通う生徒たちは、マレー系中学校の前期中等教育修了試験や後期中等教育修了試験とは別に、「独立中学統一試験」を受けることになります。私立中学校に通う生徒の半分はこの独立中学校に通う生徒、つまりは中国系マレーシア人とされています。

「独立中学統一試験」は膨大な勉強量を必要とする試験ですが、台湾や日本やアメリカなどマレーシア以外の国でも高校の卒業資格として認められるため、卒業生のほとんどは台湾をはじめとする海外の大学に留学することになります（名前は独立中学ですが、6年制の教育で修了する時は高校卒業にあたります）。

経済力があり、教育熱心な家庭の多い中国系マレーシア人。マレー人が優遇されて不利な立場にあるマレーシアの教育制度にははじめから乗らずに、海外の大学進学を考えていたり、より高度な教育を受けさせるために、子供をシンガポールに越境通学させる家庭もあります。

私立中学校を選択する割合が2005年から2011年まで3〜4%台で推移していたにもかかわらず、2012年になって7・7%という2000年以降で最大の割合になったことも、そんな世相を反映しているのかもしれません。

多民族国家ゆえの課題

数において政治的に優位なマレー人と、商売が上手で経済的に優位な中国系マレーシア人。両者は政治力と経済力という異なる点で力を持つことから、しばしば対立を生んできました。

マレーシアの成立から2年後、1965年にシンガポールはマレーシアから独立しました。背景には、マレー人を優遇しようとするマレーシア中央政府と、華人が多くを占めるシンガポールの人民行動党との間の対立がありました。

シンガポールでは華人が国民の7割以上を占めています。その民族性に加えて、天然資源に乏しいことから、初期には「泥沼の中をはいまわるほどの苦労」(リーカンユーの言葉)を経験したのち、経済力を重視し、驚異的な経済発展を遂げてきました。

シンガポール独立から4年後、1969年5月13日には、3日前に行われた総選挙の結果に端を発し、マレー人と華人の間で、マレーシア史上最悪ともいわれる民族衝突が起こりました(五・一三事件)。大きく勢力を伸ばし意気軒昂となった野党華人勢力と、議席を減らした統一マレー国民組織を支持するマレー人の青年層との間で衝突が起きたのでした。

首都クアラルンプールで起きたこの事件は、ほぼ1日で暴動は終息したものの、流血の惨事となり、銃撃や放火などによって発生後の数日間で死者196人、負傷者439人の犠牲者を出すにいたりました。

この事件の大きな要因の一つとして、のちに首相となるマハティールらが打ち出したマレー人優遇政策への批判が挙げられます。華人でもすべての人が経済的に豊かなわけではなく、当然、貧しい華人も存在します。公用語や教育言語にマレー語が採用される中で、もともと経済的に豊かではない中間層以下の華人たちは、マレー語も英語もしゃべれず、マレー人の貧困層ばかりが経済的に豊かになっていく中で、より一層置き去りにされていく不満が強いのです。

その後もマレー人を優遇するブミプトラ政策をめぐって、多くの議論がなされ、懸念や批判があがりました。マレーシアではマレー系民族が人口の7割近くを占めるために、マレー人は政治力においては他民族より圧倒的に優位に立ち、ブミプトラ政策は民族差別政策とする者も多くいます。

また、マレー系や中国系に比べて数は少ないものの、国内で一定数の割合存在しているのが、インド系マレーシア人です。主にマレー人と華人の格差是正策としてのブミプトラ政策は、インド系マレーシア人にとっては蚊帳《かや》の外に置かれたことになり、これを不服としたインド系住民により、デモも行われています。

また、イギリスやアメリカなどは、雇用機会が均等に与えられないとして、マレーシアの政策に批判的な立場をとっています。

ブミプトラ政策が教育面に与えた影響として、マレー人以外の他民族は、必然的にシンガポールやオーストラリアといった海外へ留学せざるを得なくなり、これがマレーシアの国公立大学のレベルを落としていると指摘する人もいます。さらにはブミプトラ政策の影響は、国立大学の入学枠や公務員の採用にまで及び、広い分野にわたってマレー人は優遇されています。

しかしブミプトラ政策はあっても、中国系マレーシア人の所得は2012年においてマレー人の1・43倍。依然として経済的には強いのが中国系の人たちなのです。

異なる文化を尊重し、共存の形を模索

利益になるなら努力をいとわない商売上手な華人に対して、のんびりしたマレー人。利に敏いがゆえによく動く華人に比べて、マレー人は対応が遅く、サービスも悪いと批判されることもあります。ブミプトラ政策を推進したマハティール元首相でさえ、自身の著書の中で、「マレー人には勤勉さが足りない」と指摘しています。

また、マレー語がマレーシアの公用語として地位を確立する一方、マレー語と並行し

て国際的競争力に打ち勝つための英語教育の重要性が強調されるようになってきました。政策で優遇されたマレー人にとっても、マレー語と英語の2ヵ国語を話せることが、今後より強く求められるようになってきています。

こういった民族による違いは、民族の育った環境など各民族固有の性格に起因するもので、政策どうこうで解決できるものではないのかもしれません。しかし、資本主義の原則として、同じ社会の中で生き抜いていこうと思ったら、競争社会を勝ち抜いていけるのは当然華人ということになります。実際にマレーシアでは、有力な経済人は華人が圧倒的に多く、個人総資産額の上位者も大半は華人で占められています。

マレー人以外の民族、とりわけ華人が不平等の中で何とか折り合いをつけながらも共存しているのは、とりあえずは経済的に優位に生活できる状況にあって、不満を爆発させたり争ったりすることに労力をかけるよりは、たとえば子供をシンガポールに留学させるなど、採れる方法があるうちは、目の前の生活をより豊かにすることに労力をかけようとする現実主義的な考えが背景にあるような気がします。

マレーシアは多民族国家である以上、宗教もさまざまです。

マレーシアは、連邦憲法第3条でイスラム教を国教としています。国教と聞くと、国民全員がイスラム教徒となり、イスラム教のルールに従わなければならないように思われるかもしれませんが、中東のイスラム教諸国の厳格な国教とはかなり異なり、同法第11条では「信仰の自由」も保障されています。

要するにマレーシアにおける国教は、国としては一応イスラム教という意味で、個人個人の信教については自由が認められていることになります。

実際に国内を見渡せば、一番多い61％のイスラム教徒のほかにも、仏教徒が20％、キリスト教徒が9％、ヒンドゥー教徒が6％、儒教・道教の人が1％、その他の宗教（精霊信仰や地霊信仰など）を信仰する人も見られます。

イスラム教はマレー人に、仏教や儒教・道教は中国系マレーシア人に、ヒンドゥー教はインド系マレーシア人にそれぞれ多く信仰されています。キリスト教を信仰している人たちが9％もいるのは、イギリス植民地時代の影響とされています。

なお先住民族に対しては、彼らをマレー人とひとくくりにすることでブミプトラ政策の恩恵を与えているため、政府はイスラム教以外の信仰を認めていません。しかし先住少数民族の中には、登録上はイスラム教徒であっても、実際はキリスト教や土着の伝統的な宗教精（アニミズム）を信じている人も多いとされています。近年こうした先住少数民族の中で、キリスト教に改宗する人も多く現れているようです。

多民族国家としてさまざまな民族が混在する歴史を歩んできた経緯のあるマレーシアでは、他人の宗教に関しては尊重性があります。また、欧米の大学に留学をする人たちも多く、世の中にはさまざまな価値観があることも国民に広く知れ渡っています。

東南アジアの非イスラム教国では、イスラム教徒としての生活ルールなどについて、こうしたマレーシアのイスラム教徒に見倣うことも多いとされています。

ブミプトラ政策に課題は多くあるものの、内外の批判を受けて、２００9年以降は民族の融和と国民統合を求めた「ワン・マレーシア」のスローガンのもと、一部、政策の見直しも図られるようになってきました。

マレーシアは国際的に見れば比較的平和で、国民性が穏やかだといわれます。貧困を減らし、国民の7割近くを占めるマレー人の生活水準を高めたブミプトラ政策。国の成長政策としては、一応成功してきたことは確かでしょう。

そして政策によるマレーシアの民族間の融合の形は、長い歴史から育まれた共存のための知恵と言うべきものとも思えるのです。

第6章

マレーシアの教育現場

英語で高度な教育を受けられる国

教育は国が成長する源である――この考えのもと、マレーシアでは若者の教育に力を入れています。

２０１１年度の政府支出のうち、教育に関わる支出は全体の21％でした。これには教育機関（公立および私立）と教育行政、ならびに民間団体、学生や一般家庭への補助金が含まれています。それに比べて、日本は年々教育費の支出を引き下げている国際社会の中では異常な国です。

そして、マレーシア政府が教育において最も予算を投じているのが、大学を中心とした高等教育です。その支出割合は、政府支出の教育関連費用21％のうち、3分の1を超える37％にものぼります。

なお、マレーシアでの大学進学率は、２０１２年で37・2％。同年の日本での61・5％に比べるとまだまだ低いですが、進学率とは別の側面で、マレーシアは日本よりも

マレーシアの教育に関する公的支出の政府総支出に占める割合

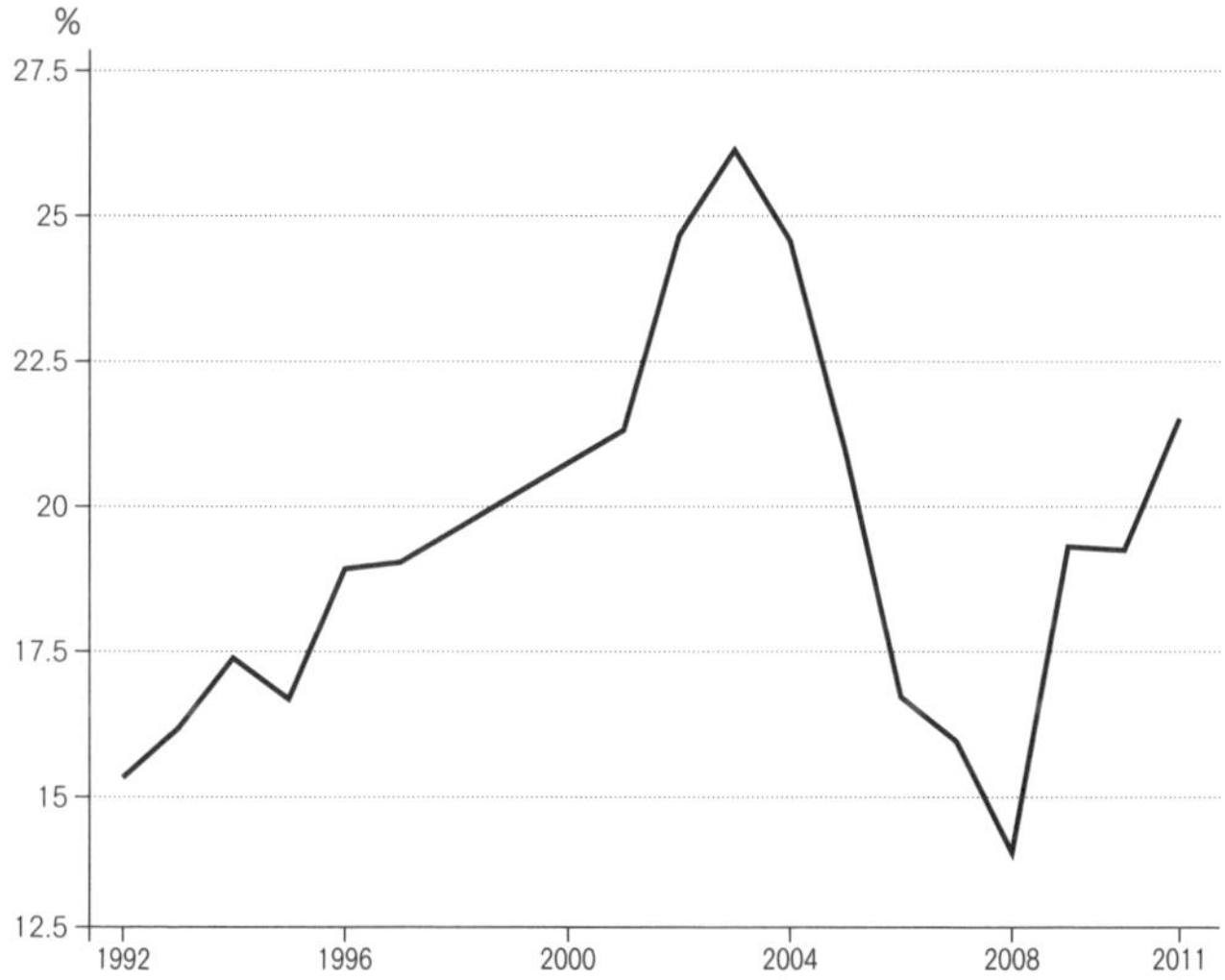

年	2000	2001	2002	2003	2004	2005
%	21.2	21.4	24.3	25.9	24.5	21.0

年	2006	2007	2008	2009	2010	2011
%	16.7	16.1	14.0	18.5	18.4	21.0

中学校の総入学者数（公立及び私立）に対する私立への小学校への入学者の割合

出典：世界銀行・教育統計（2015年3月）

マレーシアの教育関連支出のうち、大学などの専門教育における支出の割合

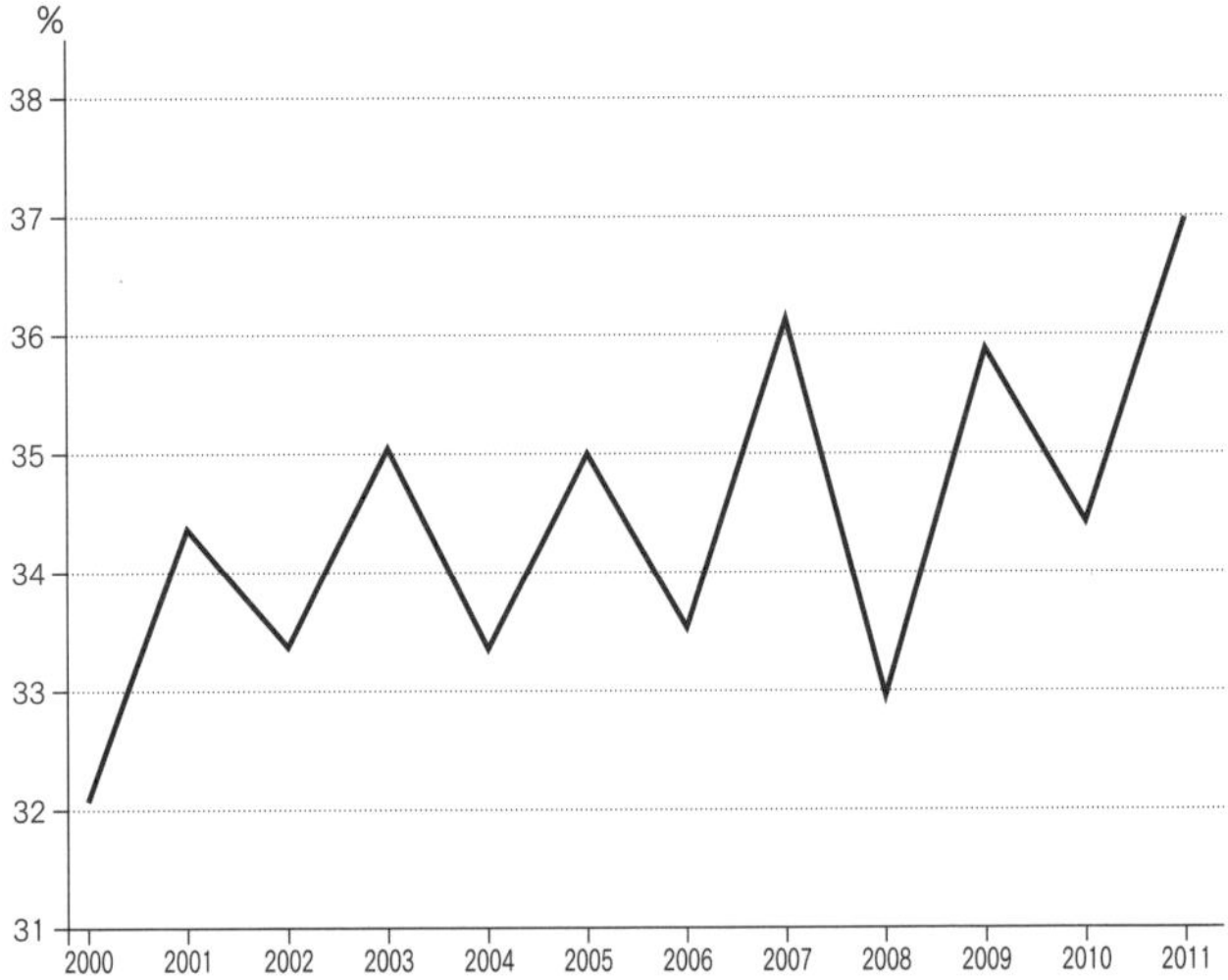

年	2000	2001	2002	2003	2004	2005
%	32.1	34.3	33.3	35.0	33.3	35.0

年	2006	2007	2008	2009	2010	2011
%	33.4	36.1	33.0	35.9	34.5	37.0

＊政府による教育関連支出には、教育機関（公立及び私立）と教育行政への政府支出、ならびに民間団体、学生や一般家庭への歩続金を含む。また、この支出は教育省（Ministry of Education）関係のみの割合で、他の省庁における特定レベルでの教育活動への支出は含まない

出典：世界銀行・教育統計（2015年3月）

すでに高水準の教育を受けられる、教育先進国であるとも言えます。

2020年までにマレーシアを先進国にするという国家目標「ビジョン2020」のもと、政府は国内に世界の名門大学を世界中から誘致するなど、国際社会における競争力強化のための人材育成に力を入れ、そこに積極的に投資してきました。英語で国際的に通用する高度な教育を、安い費用で受けられることから、マレーシアは海外の若者たちにとっても人気の留学先です。

大学に限らず、マレーシアのインターナショナルスクールにも海外からの入学者が増えています。マレーシアにはさまざまなインターナショナルスクールがあり、非常に安い学費でグローバルな教育が受けられることから、新たな人気留学先として、日本から親子留学するケースも増えてきています。

そういった各スクールが英国式やアメリカ式など様々なカリキュラムを採用している中で、近年評価が高まっているのがバカロレア形式(国際バカロレア)のインターナショナルスクールです。世界中に4600校以上あるバカロレア認定校で実施する国際的な教育プログラムで、教育方針はただ知識を詰め込むのではなく、一つのものごとを深く掘り下げ、多角的な視野で世の中の事象を捉えること。バカロレアの教育を受けた子供は国際感覚に優れた優秀な人材に育つと言われています。平均的な教育費は年間60万円前後。

世界の名門大学への進学にも強く、マレーシアではバカロレアをいち早く取り入れ、誰でも受けられるように公立学校に導入する動きも出てきています。日本の場合は学費の高い私立学校が主流で（年間300万円以上）、教育機会に乏しい日本のバカロレアとは大違いです。

わたしは次に、こうしたマレーシアにおいて、国の未来を担う若き人材の育成現場の現状を探りたいと、教育都市エディシティへと向かいました。

世界の名門大学が集まる教育都市「エディシティ」

イスカンダル計画の五つの重点開発地域の一つであるイスカンダルプテリ地区（旧ヌ

サジャヤ地区）は、州政府を移転させ、行政や住宅、医療や教育などの施設を集める生活の中心エリアとして開発が進められています。

そのイスカンダルプテリ地区の中にあるメディニ地区は、「エディシティ」（EDU　CITY）と呼ばれる教育都市です。

マレーシア政府は、世界的な教育ハブを目指し、海外の名門大学をこの地区に誘致してきました。その結果、名だたる大学のマレーシア校として、イギリスの名門レディング大学をはじめ、医療専門のニューカッスル大学、キャサリン妃が卒業したことで有名なマルボロカレッジ、オランダの海運技術大学……。各国の専門性の高い有名校が23校集まって、一つの教育都市を形成しているのです（今後さらに増加の予定）。

実はこの地区のマスターデベロッパーとして開発を任されたのは、日本の三井物産でした。三井物産は、こうした教育施設のほかにも、住宅、病院、ホテル、オフィス、レジャー施設などを建設する予定になっています。既に完成したレジャー施設のレゴランドは、ウォーターパークもあり、子供も大ハシャギする巨大遊園地として、年間200万人を呼び込んでいます。

そして、この「エディシティ」と呼ばれる教育都市は、三井物産が特に力を入れて開発した都市でもありました。そんなエディシティにある有名校のなかから、わたしは今回ニューカッスル大学を訪れることにしました。

いくつものキャンパスが連なり、緑豊かで、至るところに噴水やベンチが配置された静かな環境の中に、その大学はありました。西洋的な建物に「Newcastle University Medicine Maleaysia」と書かれた正面部分は、イギリス本校と同じように赤レンガ造りになっていました。

ニューカッスル大学の本校は、イギリスのニューカッスル・アポン・タイン市にあり、オックスフォード大学とケンブリッジ大学に次いで三番目に古いダラム大学から医学科が独立し、１８３４年に創設された大学です。

１９６３年には総合大学となり、世界レベルのリサーチ大学として、最先端の質の高い医学の基礎研究と教育に取り組んできました。実際、イギリスでは国家レベルの政策決定においても重要な役割を果たしているとされています。

このようにニューカッスル大学は、医学の分野で長い歴史と伝統を持ち、世界でも常にトップレベルに位置することから、医療のレベルアップのためにここマレーシアに誘致されました。２００９年には医学部が、２０１３年には生物医学科が設置され、単位取得後はそれぞれ外科医の学士号（ＭＢＢＳＭ）、バイオメディカルサイエンス（生物医学科学）学士号が授与されます。ここマレーシア校で医学を学ぶことで、イギリス本校と同一の単位が取れるシステムになっています。

赤レンガの下のアーチ型の門をくぐり抜けて校内に入ると、校長室に案内されました。今回、この大学の校長ケネス・マッキンガーさんがお話を聞かせてくださるとのことでした。

マレーシアを拠点に医療の人材育成を

「はじめまして（Hello, nice to meet you.）」。わたしはマッキンガーさんと握手を交わすと、さっそく対談に入りました。

——最初に、マレーシアの中でここは最高水準の大学であるということで、お尋ねしたいと思っています（So, first of I want to ask you, this is the highest standard of this University in your country?）。

マッキンガー　はい、わかりました（Yes,OK.）。

——この大学の学生は、医療における最高峰の教育を受けているという自覚を持って学んでいるのでしょうか（対談は英語で続きましたが、以下、日本語訳で書かせていただきます）。

マッキンガー　マレーシアにはイギリスの医科大学はここにしかありません。イギリス本国と変わらない授業や実習をしているのも、この大学にしかない魅力だと思います。定期的に学生たちに調査するのですが、みんなここを良い大学だと言ってくれています。

——この大学に通う学生は、いったいどういう人たちなのでしょうか？

メディニ地区

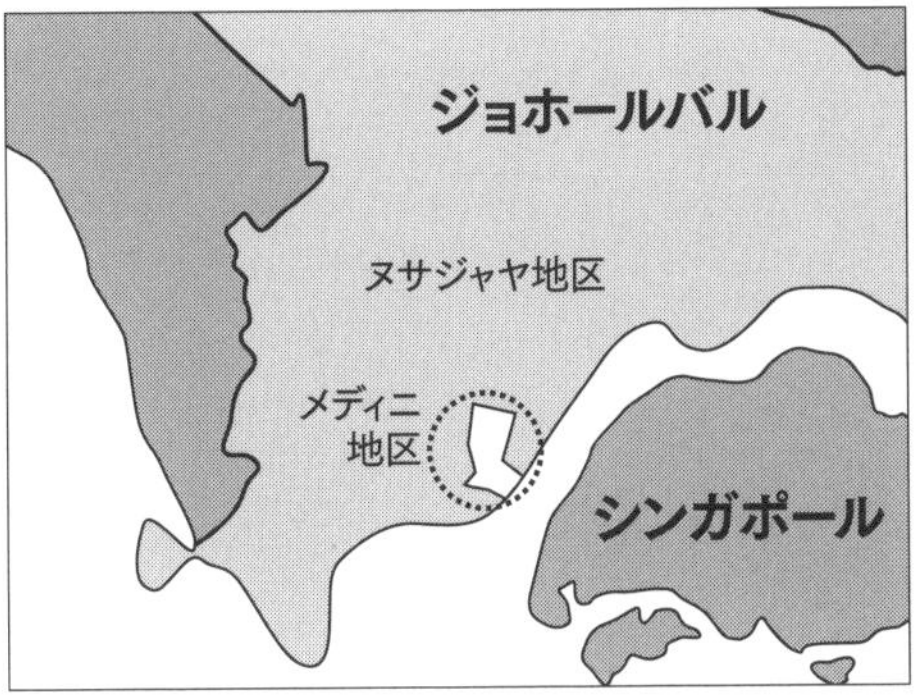

ニューカッスル大学マレーシア

ケネス・マッキンガー校長

マッキンガー　イギリスでは一般的に18歳から医科大学に通います。ここマレーシアのキャンパスでも18歳、19歳から通う学生が多いです。

――では、ここに入るための予備校みたいなものはないのですか？

マッキンガー　予備校から来る人はいません。数学や化学を学んできた人や、そもそも国家資格のある人など、専門的なスキルの高い人がこの大学に通っています。

――ここを卒業したらイギリスとマレーシアの両方の証明書がもらえるのですか？

マッキンガー　この学校で取得できるのはニューカッスルでの大学の単位です。医師になるには、それぞれの国で国家資格を取る必要があります。ここの学生たちには、ぜひ地元のマレーシアで働いてもらいたいと思っています。

――どこで働くかというのは自分で選べるのですか？　ここで英語も勉強していますし、

研修も英語で受けているので、アメリカで医師になることも難しくないですよね？

マッキンガー　もちろんアメリカで医師になることもできますが、それは卒業した学生によると思います。ただ、わたしとしてはマレーシアで学んだ人はマレーシアで働いてほしいと思っています。わたしたちはマレーシアの医学を育てるために、この場所にやってきたのですから。

英語力とコミュニケーション能力は必須

――この学校には、言葉も文化も違う学生が近隣諸国から大勢集まってきていますよね？　その中で必要なことはなんでしょうか？

マッキンガー　必要なのは、英語が話せるかどうかだと思っています。ケンブリッジ英語検定で、最低でも5か6の成績はほしいと思っています。なぜなら医学はチームワークだからです。良い医者になるということは、良いチームプレイヤーでなければならないと思っています。ここマレーシアは、そもそも多民族が暮らす国だからこそ、英語でコミュニケーションをとることが重要なのです。

必要なのは、英語力とチームで働けるコミュニケーション能力。多くの国籍を持つ学生が集まるこの大学では、授業をはじめ日常会話もすべて英語になっています。その英語で、お互い話し合いながら、問題解決を図っていくのです。

実際にこの大学で学んでいる学生にも話を聞いてみました。食堂でヒジャブ（イスラムの女性が被るヘッドスカーフ）を身に着けた女子学生二人が、この大学の魅力について答えてくれました。

「この学校はマレーシアにいながら、ニューカッスル大学の単位を取ることができることが魅力ですね」と、そのうちの一人。

「わたしはイギリスの最先端技術を学べることが魅力と感じています」と、お隣りの女性。

二人に、それぞれどんな目標を持って学んでいるのかを尋ねました。

「将来はマレーシアでお医者さんになりたいと思っています」

「わたしはこの学校で勉強して、医学の先生、教える立場になりたいと思っています」

食事中の男子学生にも尋ねました。

「近くていい学校があると聞いて、スリランカから来ました。将来はイギリスで働きたいです」

「ニューカッスル大学の単位を取得できるのがこの大学の魅力です」と答えるヒジャブ（トゥドゥン）姿の女子学生

また、フロアを歩いている男子学生に尋ねてみました。

「マレーシアに最先端の学校があると、自分の国の先生がこの学校を紹介してくれました。将来は遺伝子工学の研究をすることが夢です」

学生たちの国籍は豊かで、マレーシア人だけではなく、近隣のアジア諸国からも、学びたい学生がこの大学に来ていました。

そうした人たちの中には、卒業後に国へ帰って医師になる人もいるでしょうし、イギリスやアメリカに渡る人もいるかもしれません。その中には、校長のマッキンガーさんが願うように、このままマレーシアに残り、マレーシアで国家資格を取得して、この国の医師として働くようになる人も多いでしょう。

いずれにせよ、国家の将来を見据えて、マレーシアは人材育成にも積極的に投資している国でした。どの学生も、猛勉強の末に入学した将来有望な医師の卵たちであり、しっかりと自分の将来を考え、自分のやりたいことを実現するために懸命に学んでいました。

将来を担う人材の育成——これもマレーシアが成長している大きな要因の一つかもしれない。わたしはそう感じずにはいられませんでした。

男性より高い女性の進学率

マレーシア国内の大学のキャンパスを歩くと、女性の数が多いことに驚かされます。これは印象論ではなく、政府の統計資料においても大学などの高等教育（専門分野教育）における学生の男女比は、例えば2012年には女性が56％といった具合に、この十数年間、ずっと女性が男性の割合を上回っているのです。

その背景としては個々の教育政策にとどまらず、民族格差の是正や経済発展を目的とした大きな意味での人材育成策が、農村部のマレー人女性に教育や労働市場への進出を促し、結果的に女性の教育機会を増加させることにつながったと言えるのではないかと思っています。

そのため大学を歩いていると、先ほど食堂で話をお聞きした女子大生のように、鮮やかなヒジャブを身に着けたイスラム教徒のマレー女性を多く目にしました。

ここマレーシアでは、イランやアフガニスタン、サウジアラビアなどの厳格なイスラム国家でよく見かけるような全身を布で覆った女性の姿はほとんど見られず、肩にかかるくらいのスカーフを、顔をしっかり出したまま頭からかぶるスタイルが一般的です。

　このスカーフは、マレー語ではトゥドゥンと呼ばれていますが、現地で出会ったイスラム教の女性たちは皆、アラビア語のヒジャブという言葉を用いていました。ヒジャブを身に着けた女性はマレーシアやインドネシアなどの東南アジアだけでなく、エジプト

マレーシアの大学などの高等教育における女子学生の割合

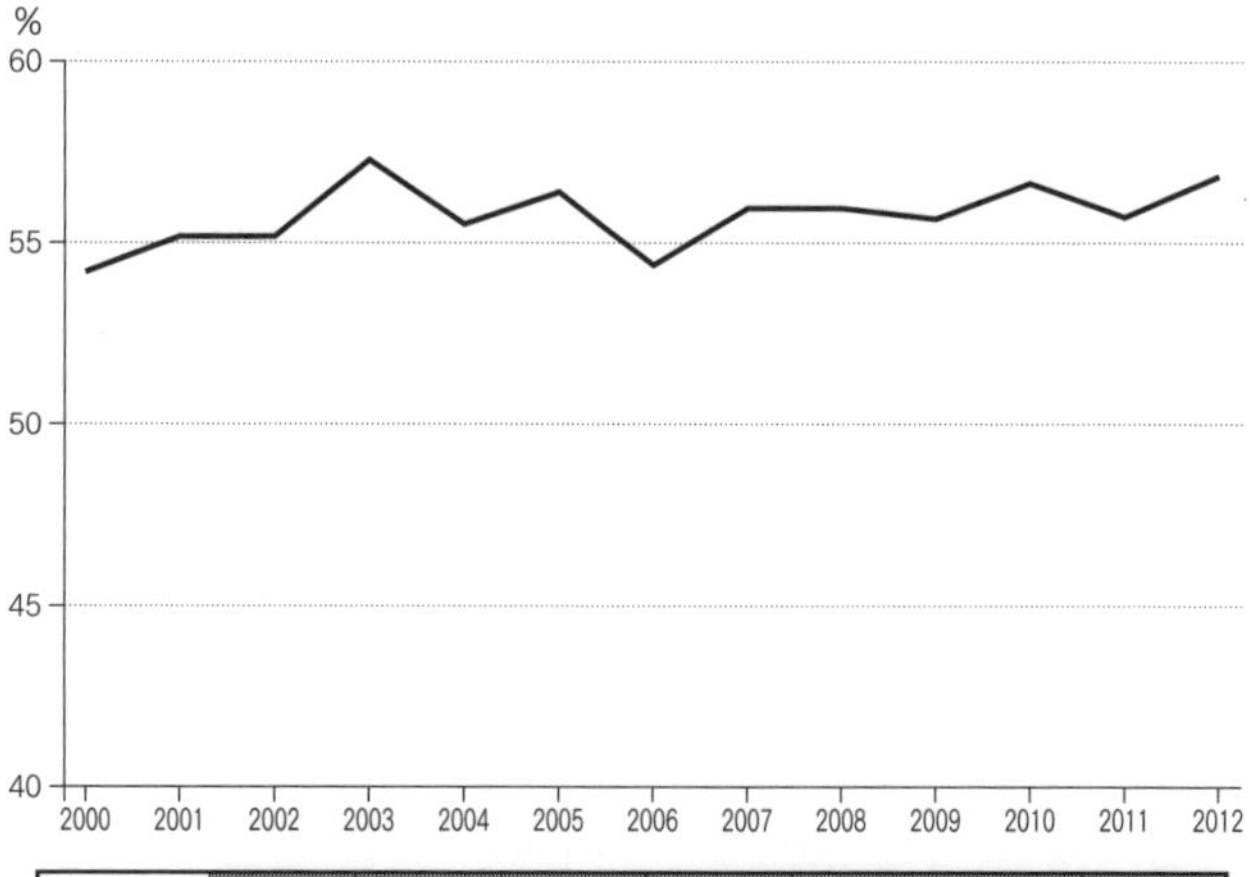

年	2000	2001	2002	2003	2004	2005	2006
%	54.3	55.1	55.1	57.2	55.4	56.0	54.8

年	2007	2008	2009	2010	2011	2012
%	55.8	55.8	55.6	56.5	55.8	56.0

出典：世界銀行・教育統計（2015年3月）

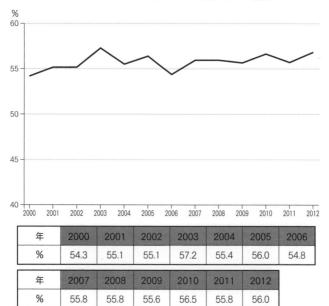

でもよく見られます。

マレー系の小中学校では、女子生徒はヒジャブの着用が義務づけられており、制服にはヒジャブが付いている場合も多いそうです。しかしソフトイスラムとも形容されるマレーシアでは、制服を除けば街でヒジャブを身に着けないイスラム女性もいると言われるほど服装の決まりはゆるやかです。

さらにヒジャブは、イスラム教の女性の最大のおしゃれポイントになっています。さすがにミニスカートやタンクトップなど肌を露出したファッションをしている人たちはヒジャブ姿の女性には見られませんが、長いスカートやジーンズ、伝統衣装、靴やサンダルなどとコーディネートして、おしゃれにヒジャブを着こなしているようです。

ヒジャブそのものにも、非常に鮮やかなカラーの単色系から、刺繍やデコレーションが付いたデザインのものまであります。素材についてもコットン、レース、シルク、カシミアなど、さまざまあるようです。

ヒジャブを売っている店もたくさんあり、女性の中には何十枚も持っていて、服に合わせてコーディネートしている人もいるそうです。巻き方もファッション雑誌やテレビやインターネットなどの媒体を活用して、かわいい巻き方をチェックすることも多いそうです。

そんなマレー女性の大学生比率が高いマレーシアですが、実はもっと突き詰めていくと、大学進学の目的自体に民族間で大きな差が生じていることが分かってきました。

商売が上手くて経済力のある傾向が強い中国系女性は、欧米型の男女平等という価値観に立ち、あくまで自らの職業的成功、自己実現のために大学進学を目指します。

一方、イスラム的価値観に基づいたマレー女性は、伝統的な男女の役割を尊重し、多くは母や妻としての女性の役割を忠実に果たすために、良い嫁ぎ先を見つけるための〝花嫁道具〟として教養を身につけに大学に進学します。

もちろん個人差はありますが、全体的な傾向として、就職や収入面ではまだまだ男性が圧倒的に有利で、女性の大学進学は必ずしも女性の社会進出や高収入な職業へのステップアップになっているわけではないのです。

1970年代から80年代にかけて、女性の進学率の増加と共に女性の雇用が増加した際にも、その内訳を見ていくと、教師や看護師などの「女性職」とみなされてきた専門職の雇用が増えていました。90年代に入ると、さらに国際社会に打って出るべく、情報通信産業の開発のために高度な人材育成が求められ、新たな意識でより高い職階を目指す女性も増えてくるようになりました。

しかし、マレー女性はまだまだ保守的で、大学に進学する学生も職業に直結する専門科目より、文学部などの教養科目を選択する傾向が目立ちます。先ほどマレーシアでの高等教育（大学などの専門分野教育）での女性の学生の割合は２０１２年に56％と書きましたが、さらに細分化すると総合大学は女性が60・５％、単科大学などその他高等教育は女性が46・９％となっており、職業に直結する専門大学への進学は男性のほうが高い傾向が見られます。

そして、このような傾向はマレーシアだけではありません。ブルネイ、マレーシア、タイなどを筆頭に（シンガポールは参照した統計に含まれず）、東南アジアのほとんどの国が高等教育への進学における男女の割合は、女性が半数超えかそれに迫る状況です。学問への意識差はともあれ、大学進学率という視点に狭めれば、女性の割合が高いのはもはや開発途上国全体の傾向なのです。

日本の今後の受験戦争の成り行きを見ていくと、「お受験」と呼ばれるような、母親と塾教師の間で方向が決まってしまう20～30年前の受験スタイルと全く変化が起きていないことが問題です。国際社会の中での東京大学の地位は世界の大学ランキングで39位（タイムズ　ハイヤー・エデュケーション2016-2017）、アジアの大学ランキングでも首位から4位へ落ちているという、とても深刻な事態が起きています。早稲田、慶応大学などは400位圏外に落ちています。

日本の大学の教授、教育、研究がガラパゴス状態であり、国際的な英語で交わされる情報コミュニケーションに全くついていけないことが理由の一つであり、勉強意欲のない大学生が受験で頭をすり減らし、そして研究環境に海外の研究者をオープンに受け入れ、共同研究をする体制が全くとれていないこと……があります。アジア、特に中国ではこの点にすごく大きな力を入れているのでその差は今後も広がります。

だからこそ一つの選択は、費用も安く、高校時代までに英語力さえつけておけば、受験勉強で無駄なエネルギーを使わずに、イスカンダル地区の23校以上ある国際的な大学に入学するコースがおすすめです。医学部にも入れますし、年間の費用はアメリカが授業料だけで400万円かかるのに対して60万円で済むことも魅力です。

第7章

発展し、変化していく国

英語を学び、実力でフォーチュン500に入った大成功ビジネスマン

最後にわたしは、急成長するマレーシア経済の権威者と言っても過言ではない人物のもとを訪ねました。ベルジャヤ・グループの創業者ヴィンセント・タンさんです。

1952年生まれのヴィンセント・タンさんは、中国系マレーシア人です。裸一貫から一代で事業を大きくし、不動産投資開発の他に、1980年12月にはマクドナルド、1984年にはセブン‐イレブンと、それぞれのマレーシアでのフランチャイズ権を取得し運営。2010年にはフォーブス誌の世界長者番付で828位にランクインするほど、実業家や投資家として世界的な大成功を収めた人物です。その資産は120億USドル（約1兆3200億円）とされています。

ヴィンセントさんは、ベルジャヤ・グループの持株会社であるベルジャヤ・コーポレーションの会長兼CEOを長く務めましたが、2012年2月23日の60歳の誕生日を機に、ベルジャヤ・コーポレーションの役職をすべて辞任し、現在同グループの会長およ

びCEOは長男のロビンさんが引き継いでいます。

ヴィンセントさんはまた、サッカー界における外資のオーナーとしても有名で、2010年にはウェールズのサッカークラブであるカーディフ・シティFCを、2013年にはボスニア・ヘルツェゴビナのFKサラエヴォを買収しています。カーディフ・シティに関しては、約50年ぶりにトップリーグに昇格させた立役者の一人とされています。

ただしその経営ぶりは傍若無人で、カーディフ・シティFCではチームの100年以上の伝統を無視し、ブルーのチームカラーを赤に、鳥のクラブシンボルを龍に変えたり、さらにチームを昇格に導いて善戦していたマッケイ監督を解任したりと、何かと話題にこと欠かない人でもあります。そんなことから、英国のフーリガンから、大変嫌われてしまったのだとか。


ブルーの縦じまのカジュアルなワイシャツにグレーのスラックス姿でわたしの前に現れたヴィンセントさんは、襟足の長い黒い髪に、口ひげが特徴的な人でもありました。

誰かに似ているなという感じがする愛嬌のある顔にちょび髭が生えていますが、下がり眉といい、ちょび髭といい、よく見たらエジプト学者の吉村作治先生にそっくりな顔立ちでした。頭が非常に鋭くそして直感力も誰よりも優れているけれども、一方では愛嬌があり人を惹きつける魅力があって、そしてデリカシーがあり、周りの人に対して色々な所で気を使っている、そんな感じの人でした。どんな時にも大胆不敵な決断力と行動力を持っている人でもあったのでしょう。

何よりもまず興味を惹かれたのは、今日の世界に冠たるお金持ちの経済人になるきっかけは一体どこにあったのか、ということでした。ヴィンセントさんは率直に答えてくれました。

まだ20代の頃、世界的に有名なマクドナルドのハンバーガーの販売権、マレーシアでの独占的な権利を何とかして手に入れたいと彼は思いつきました。そしてそのために彼はマクドナルドの本社のCEO宛てに7年間、毎週毎週、手紙を書き続けたのだそうです。一度も返事がなかったけれども、7年目に初めて「海外での総代理店を募集している」という返事が来たそうです。

そこで彼はアメリカまで面接を受けに行きました。彼の粘り強さ、人間としての情熱的な魅力、そうしたもので彼は、マレーシアにおける総代理店の権利を得ることができたのでした。それからはトントン拍子ということでしょう。

それと同じようなフランチャイズの権利としてセブン－イレブンの総代理店契約の獲得も成功させることができました。

その後はあらゆる事業に手を出し、M&Aで企業を大きくしてきたのが彼のやり方でした。わたしが彼にインタビューを申し込むとなんと、プライベートジェットを出すから自分の持っている島まで来て、そこで一晩泊まり、そしてプライベートヨットでパーティーをやるから是非参加してほしいと言われました。会ったばかりの人とも楽しく一緒に過ごすことにプロモーション価値ありと思えば相手をもてなす。これこそビジネスマンとしてのとても魅力のある部分だと思いました。実際には時間がなくてそのプライベートジェットに乗って島に行くことはできなかったのでとても残念でしたが、そうした提案をするということはとても優しい人だと思いました。

彼の日本好きは相当なもので、一年に何回かは沖縄の海でスキューバダイビングをやっているということでした。「日本の、特に沖縄の海は世界最高だよ。あんなに素晴らしい海でスキューバをやると幸せこの上ない気持ちになれるんだ」

また、彼の投資家としての日本好きの一面は、京都と沖縄にそれぞれフォーシーズンズホテルを開業するというプランを見てもわかると思います。京都のフォーシーズンズはすでに開業済みです。このような投資を日本に向けてしてくれるということは、日本が栄えるということを直接的にサポートしている面もあるので、こんな人がお金持ちの財界人にいるということはとてもありがたいことだと思います。

日本とアジアの新興国を比較して一番思うのは、彼らが教育においてとても熱心に若者の未来をサポートしようとしていることです。特にトライリンガル（trilingual）つまり2ヵ国語だけでなく3ヵ国語を話せる人材を大量に育成しようとしています。そのための教育を頑張っています。

その延長上には、どんな大学に入っても国際交流ができ、また世界中の情報が英語ですぐに検索でき、それにアクセスすることができる若者たちをつくるということです。それに比べると日本の場合にはあまりにも蛸ツボ的な孤立を示しています。国内の大学に進学すれば就職に問題がないというような安易な考え方ですが、これでは地盤沈下、とりわけ知的地盤沈下が起きてしまうということです。

世界はすごく大きく広く、しかも速いスピードで進化しています。それに遅れずに英語が話せる、書ける、検索ができる、交流ができるということは最低限必要な条件です。そしてまたコミュニケーション能力においては、どんな国に行っても明るく元気に自分を主張する。また自分の国、特に歴史を紹介できる能力です。日本の教育がアジアの他のどの国よりも遅れているという現実を知らなさすぎることも問題です。

いまアジアの国々では、中流層が増大していて所得も上がってきています。そうした意味ではアジアの国々をよく知り、そして、旅行する、働きに出る、大学に行くなど、いろいろな意味でアジアの国々との交流を増やしていくことが、日本の未来をより強く明るくするために大事なことだと思います。

そんなヴィンセントさんに、わたしは「若い人が学ぶべきものは何ですか?」とお聞きすると、彼の口から出てきたのは、「英語」というキーワードでした。

ヴィンセント　ビジネスにとって、英語はとても重要です。貧しかった頃、わたしはこの国で英語を学びました。そしてアメリカのマクドナルドに断られ続けても、何度も手紙を送り、フランチャイズの権利を獲得しました。英語は世界共通の言語です。ビジネスにとって、とっても重要です。

英語が出来なかったら、マクドナルドの権利は手に入らなかったでしょう。だから英語の手紙が書け、交渉が出来ることは大事でした。僕の場合は正式にマレーシアが独立国家になる前に、小学校ですべての授業を英語で受けていたので、自然と英語力が身についていたのです。

英語教育はかなりの費用がかかるものなので、日本政府は、もっと英語教育に投資するのもいいかもしれません。マレーシアではみんな、ちゃんとした英語を話していると思います。なぜなら6歳から英語の勉強をしていますから。

——わたしたち日本人は幼いころから、日本の文化や歴史を学ばないといけないと思っています。

ヴィンセント　その通りです。日本は素晴らしい国です。日本はすべてに対して制度がしっかりしているし、清潔で安全な国です。日本人は親切で、サービスのいい人たちです。実は日本からたくさん良いところを学んでほしくて、娘を日本に留学させています。

少数派でありながら、国の経済を牛耳《ぎゅうじ》るとされてきた華人ですが、ヴィンセントさんは、いかにも中国系マレーシア人らしく、徹底的に努力を重ねてきた経済人、それゆえにどこまでお話を続けても実力主義の人でした。

そして娘さんを日本に留学させるほど、ヴィンセントさんが信頼を寄せる国――ヴィンセントさんにとって日本は、安心して娘さんを預けることのできる安全で、清潔で、制度がしっかりしていて、親切な人々にあふれた国なのです。

イスカンダル計画の行方

2006年に動き出したイスカンダル計画は、2025年までにジョホールバルという自然あふれる地域に総投資額3830億リンギット（約11兆4900億円）をかけて、開発当初150万人だった人口を倍増させて、300万人が生活する未来都市をつくろという、政府主導の計画です。2015年までの10年間で、すでに49％にあたる1902億リンギットの投資が行われています。

まるでシンガポールをもう一つつくるかのような、これまでにないスケールの巨大プロジェクトですが、ここにきて懸念材料も表れ始めました。地価が高騰したのです。ジョホールバルの住宅価格は、2010年を境に急激に高騰し続けています。

こうした急激な土地や住宅の値上がりにより、地元の人が土地を買えないという状況が続いています。「投資家ばかりで住み手がいないのではないか」と、懸念する声もあります。

ジョホールバルの街はまさに開発の真っ只中です。川は次々に道路へと変わり、古い建物は次々と高層ビルへと生まれ変わっています。

街は急変し、ビルが増えるにつれ、道往く人たちも変わってきています。昔は一面ジャングルだった土地が、思いもよらぬスピードで変化し、まさに躍動している街であることが伝わってきます。

急激な成長には痛みが伴います。それをどう乗り越えていくのかは、マレーシアの課題です。

いま、イスカンダル計画には、世界中から投資が集まっています。

２０１５年１月の段階で国別にトップから見てみますと、第１位はシンガポールで１２０億５７００万リンギット、第２位がアメリカで63億４００万リンギット、第３位がスペインで41億８１００万リンギット、日本は第４位に入っていて、40億５６００万リンギットとなっています。中国は第５位で、37億３８００万リンギットです。第１位のシンガポールはプロジェクトのパートナーでもあるため圧倒的に額が多く、第２位のアメリカの倍近くとなっています。

投資額第５位の中国も、巨大開発に乗り出しています。既にジョホールバルのダンガベ

高騰するジョホールの住宅価格

イ地区は、中国でも有数の大手不動産会社が高層マンションを一気に50棟、9000戸ほど建設しています。

販売する中国の会社はあくまで強気ですが、中国の景気減速のせいか、販売開始以来、契約件数にかげりが見えます。果たして思惑通りに需要が供給に追いついていくのでしょうか？

産業別に投資企業を見ると、製造業が456億8000万リンギットで最多、次いで物流が48億1000万リンギット、観光25億リンギット、ヘルスケア25億9000万リンギット、教育15億6000万リンギット、金融サービス6億リンギットと続いていきます。

今後は、これまでの安価な労働力を求めた製造業への進出とは異なり、たとえばサービス業などへの投資が盛んになっていくのではないかとされています。

イスカンダル計画は20年もの長きにわたる計画なだけに、不安や危うさを内包していることも事実です。一方で、今やマレーシアの人たちは消費活動や意識においても、ほとんど先進国並みに近づいていると言われています。

1990年にはわずか18・7％だった中流所得層以上（年収1万ドル以上の所得層）の

「イスカンダル計画」への国別投資額

ベスト5

順位	国	投資額（単位：リンギット）
1	シンガポール	120億5700万
2	アメリカ	63億 400万
3	スペイン	41億8100万
4	日本	40億5600万
5	中国	37億3800万

「イスカンダル計画」への産業別投資額

産業	投資額（単位：リンギット）
製造業	456億8000万
物流	46億1000万
観光	25億
ヘルスケア	25億9000万
教育	15億6000万
金融サービス	6億
その他	704億7000万
2006年～2013年9月末までの累計誘致額	1282億1000万（約3兆9600億円）

割合は、2008年では59・9%と約6割まで増加しています。2015年には、低所得者の多くは中流層に、そして中流層の一部では富裕層になる人たちが出てきて、実に中流層以上の割合は8割まで達しているのではないかとされています。

イスカンダル計画を支えていく存在として、海外の投資家や外国人にスポットが当てられがちですが、最終的にはマレーシア国内で急激に増えた中流層以上の人たちがその役割を担うのではないかと思っています。

イスカンダル計画が国民一人一人の所得を増やすための原動力になり、その結果生活のよくなった人たちが、今度は逆にこの計画を、さらにはマレーシア全体を支えていくことが最も望ましいかたちと言えるでしょう。

これからどう展開していくにせよ、今、マレーシアに世界中が注目していることだけは確かです。

最後に思うこと——活気あふれるマレーシアの未来

かつて高度経済成長のさなかにあった日本を彷彿《ほうふつ》とさせるような、活気あふれる国マレーシア。先進国と肩を並べる豊かな国にしようと、政府はさまざまな政策を打ち出してきました。

- **日本を見習い、国民の意識を改革する「ルックイースト政策」**
- **海外から大きな資本を呼び込む、壮大なる「イスカンダル計画」**
- **貧富の差をなくすための「ブミプトラ政策」**

他にも、海外からの移住者を呼び込むための長期滞在型ビザ「マレーシア・マイ・セカンド・ホーム」や、観光・保険・医療・教育分野を対象にした施設投資のための輸入税・所得税の減税といった進出企業に対する優遇措置、等々。

こうした政策により、海外から多くの資本を集め、多くのマレーシア人に雇用をもたらし、国内消費を活発化させ、国民の生活を潤してきました。

現在国を担っているのは、ルックイースト政策で日本に留学して学んだ50代を中心とする世代ですが、国内での教育政策で新たな人材の育成にも力を注ぎ、次代を担う人材の開花も、もう目の前にあります。

2014年のマレーシアの名目GDP（国内総生産）は、3269億3000万USドル。一方、日本のGDPは同じ2014年で、4兆6163億4000万USドルです。名目GDPとは、国内で生産されたすべてのものやサービスの付加価値を、物価変動を含まず市場価格によって合計したものです。

GDPの額では圧倒的に日本のほうが大きいのですが、その成長率を見ていくと、マレーシアはほぼ右肩上がり。2000年から2010年にかけての名目GDPのグラフを比べてみると、日本が長らく停滞気味なのに対し、マレーシアは10年で約2倍に成長しています。

何よりマレーシアの強みは、若さゆえの活力です。マレーシアでは日本よりも少し狭

マレーシアの名目ＧＤＰの推移

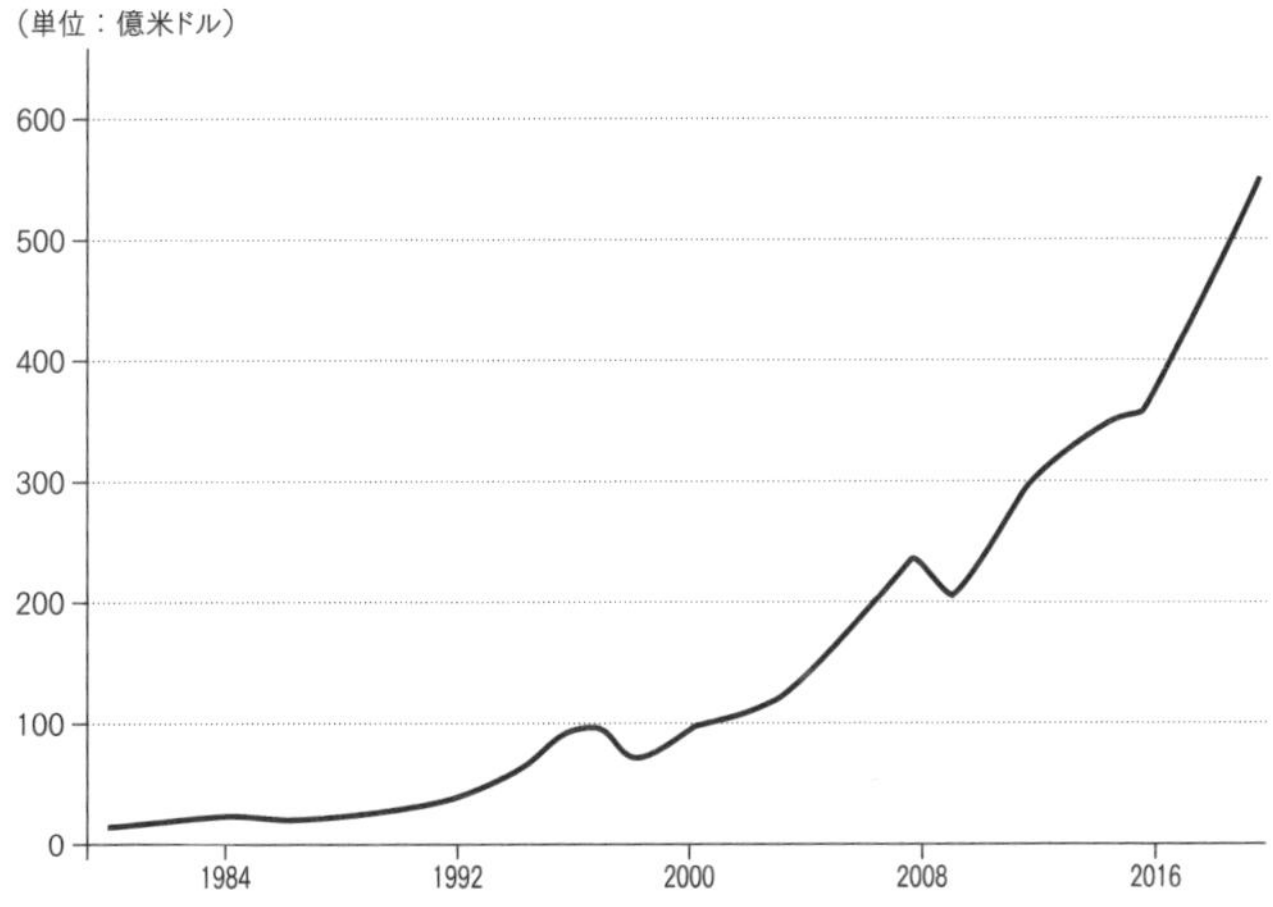

年	2003	2004	2005	2006	2007	2008
億米ドル	110.20	124.75	143.54	162.75	193.61	231.07

年	2009	2010	2011	2012	2013	2014
億米ドル	202.28	247.54	289.34	304.96	313.16	326.93

＊名目GDPは、国内で生産されたすべてのサービスや付加価値を、物価変動を含まず市場価格によって合計したもので、製造のために付与された補助金を引いて、製造税も含む。減価償却や天然資源の枯渇や劣化は考慮せず、控除ぜずに算出している（ドル数値は単年度の公式為替レートを用いて、国内通貨から換算）

出典：国際通貨基金（IMF）による世界経済見通し（2015年4月）

い約33万平方キロメートルの国土に2014年現在、日本の4分の1ほどにあたる3018万人ほどが暮らしています。

日本と大きく異なるのが、人口の著しい増加と、年齢別の人口比です。マレーシアの平均年齢は27・7歳。人口に占める若者の割合が非常に高く、年齢が若くなるほど人口が増えるという、ピラミッド型をしています。

平均年齢が若いがゆえに、これから20年、30年とGDPの成長率も平均5％、6％とさらに上に向かい、生活も豊かになっていくことが予想されています。

今回の訪問を通して、わたしはマレーシアでマハティール元首相が取り組んできたイスカンダル計画をはじめとする政策が、20年、30年かけて見事に花開き、これから躍進していく国であることを確信しました。

多民族国家ゆえ多様性の魅力に富む国、大自然と大都会の両方を兼ね備えている国、そして若いエネルギーに満ちあふれる国……。そんなマレーシアで、これからも若い人たちがどんどん勉強して、英語が話せて国際的で、なおかつ品位ある人材が育っていくことをわたしは心から願いました。

日本の名目ＧＤＰの推移

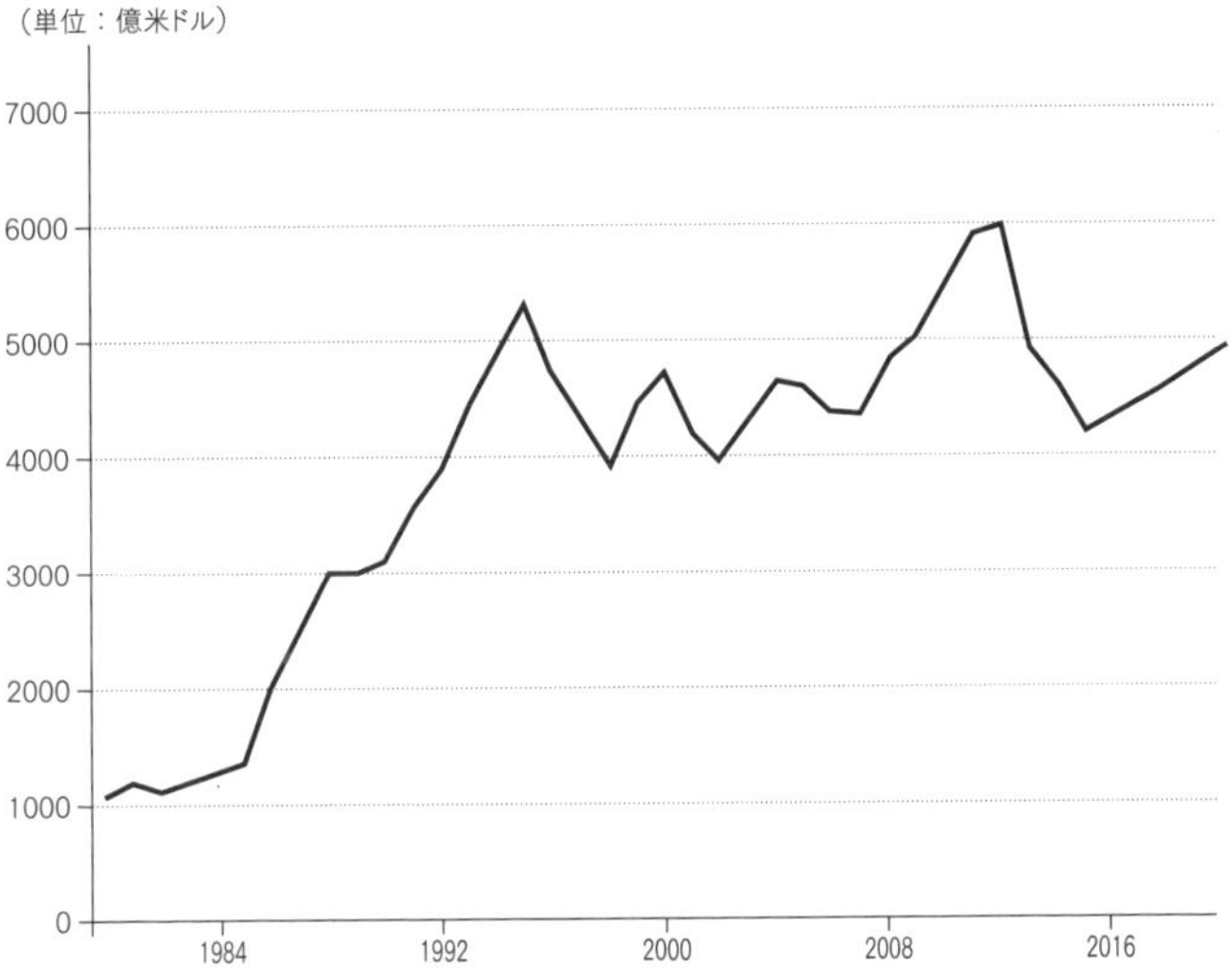

年	2003	2004	2005	2006	2007	2008
億米ドル	4302.94	4655.82	4571.87	4356.75	4356.35	4849.19

年	2009	2010	2011	2012	2013	2014
億米ドル	5035.14	5495.39	5905.63	5954.48	4919.56	4616.34

出典：国際通貨基金（IMF）による世界経済見通し（2015年4月）

マレーシアを他の国々と比較したときに一つ大きな特色があります。それはマハティールが6000人の大学生を日本に留学させた結果が今、出ているということです。彼らはちょうど今、働き盛りの45歳から50代に差し掛かってきていて、それは実業界、そして行政、また様々な企業の中で活躍している人たちをそこに見ることができます。彼らは日本的なよさを身につけています。誠実で勤勉で非常によく働く、そして合理的で物事を非常に早いスピードでやりこなしていく能力を持っているということです。

また、西洋社会だけに留学してきた人が作っているシンガポールの国と比べた場合に大きな違いを見ることができます。それは言葉で説明するのは難しいのですが、西洋社会一辺倒で発達させた国には情というものが不足しています。そこにあるのはお金をより多く儲けるということに対するインセンティブだけが働く社会です。

マレーシアは多民族国家であると同時に、まだ三世代の家族が一緒に暮らすことができるような柔らかなアジア的な雰囲気を持っています。そうした中で子供たちはより明るく、よりアジア的に優しい子に、そして元気な子に育つ余地があります。そのある意味ファジーで優しく、明るいということが大きな活力としてこの国にはあるのです。

わたしが会ったマハティール・チルドレンの方々は起業家であり、働いている女性の

マレーシアの総人口の推移

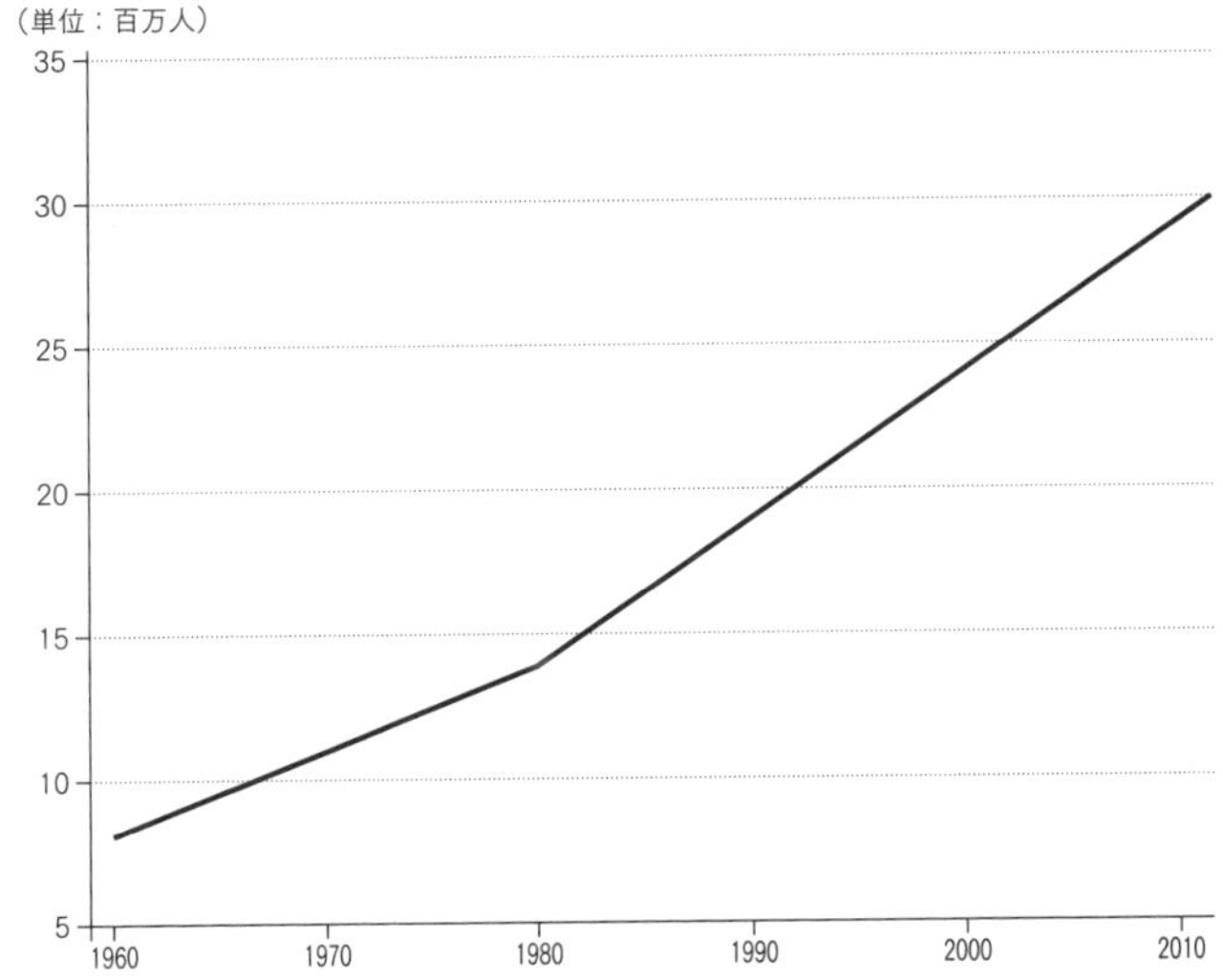

年	2003	2004	2005	2006	2007	2008
人口(人)	2489.05万	2536.50万	2584.34万	2632.70万	2681.38万	2730.23万

年	2009	2010	2011	2012	2013	2014
人口(人)	2779.03万	2827.58万	2875.89万	2923.99万	2971.69万	3018.78万

＊難民を除くすべての住民（市民権の無い者も含む）

出典：世界銀行・世界成長統計（2015年7月）

マレーシアの人口ピラミッド

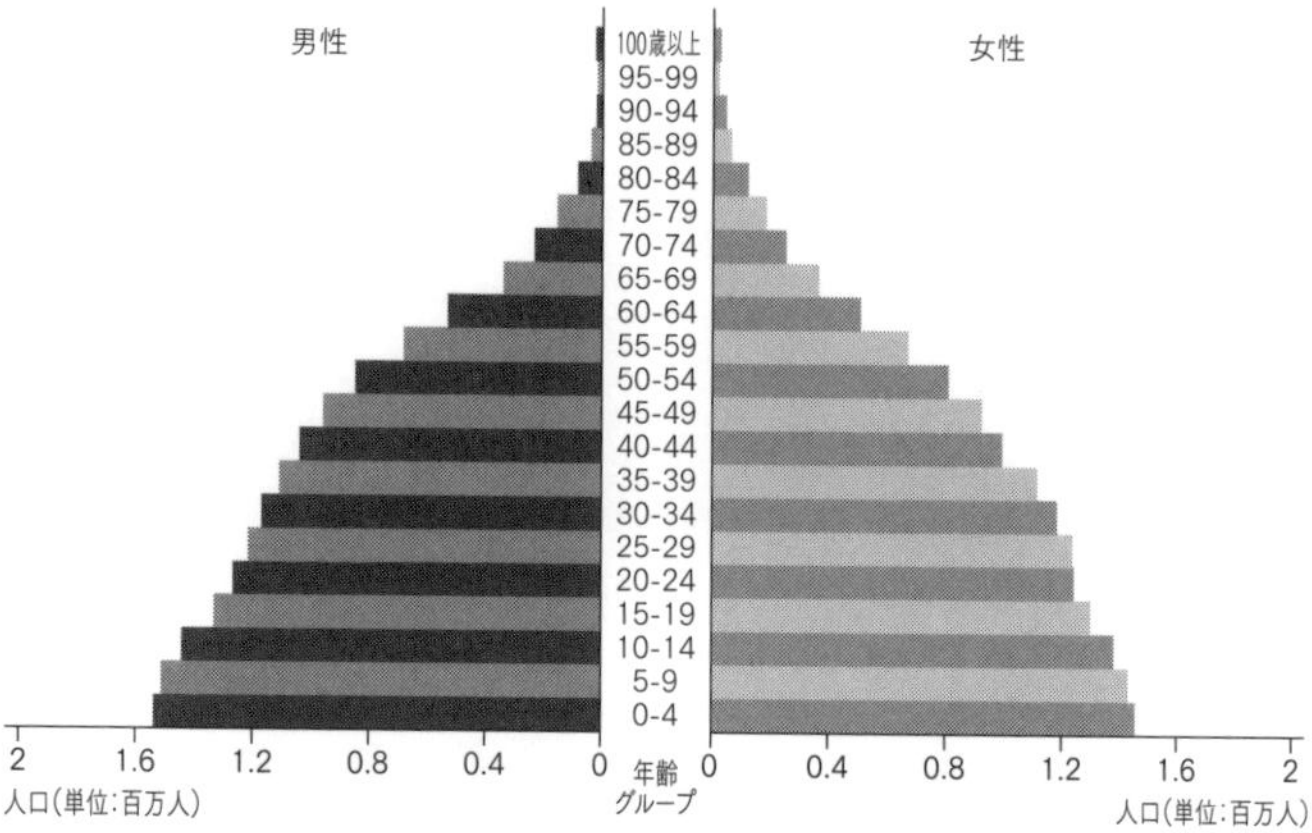

方もそうでしたが、とても優秀でした。また、私の通訳をしてくださった人も同じくマハティール・チルドレンとして日本に留学した人でした。

彼らはどちらかというと理科系の勉強をしてきた人が多いようです。けれども日本人と共通する美点である明るさ、礼儀正しさ、優しさなどを持っていて、その優しい笑顔がシンガポールの人たちとは何か違っているような気がしました。

マレーシアという国は高速道路一つ見てもとても美しく綺麗に出来ていて、そこには全くワイロが発生してないということ、一言で言うと、清々《すがすが》しさ感じさせてくれるようでした。これがある意味インドネシアとの大きな差だったかもしれません。

インドネシアはＯＤＡ（政府開発援助）で日本との関係を結んだ結果、キックバック体制を日本から学んでしまい、ワイロが大きく働く国家になってしまいました。そのために、いまだに高速道路一本も通っていないという悲しむべき現実を抱えています。

マレーシアはそういう意味ではとても無駄のない清潔な国家になっています。それはマハティール自身が、ワイロを取る人たちを厳しくいつもチェックしていたことに理由がありそうです。

国家というものはその代表者である首相がどのような考え、思想、決断力、未来を見据える力があるかどうかによって、発展するパワーや方向性なども大きく支配されてしまうということを、今回の取材を通してわたしは感じることができました。マハティールの作り上げたマレーシアという国家に、他のアジアの国にない、もっと大きなパワーをわたしは感じました。

マハティールの時代には、ルックイーストという政策で、日本に注目し、日本をお手本にしてマレーシアの国づくりを行ってきたこのマレーシアですが、今では全く違う方向を向いているのです。

アジアの中で今、大きな力を持っているのは中国です。そしてアジア中の国々を中国のテリトリーの国にするために、中国はたくさんの融資をアジアの国に行うようになっています。このマレーシア、イスカンダルプロジェクトもその中の一つに数え上げることができます。そして、このプロジェクトは10年後に完成する時までに巨大な投資されるわけです。中国が出す部分が大きくなるので、日本の入り込む余地が小さい点がとても残念です。

「マハティールが尊敬してくれた日本」という立場に甘えている間に、マレーシアも変わってしまったのです。日本がアジアのリーダーであるという認識はまだ持っているものの、インドネシアにおいても、またマレーシアにおいても、いつの間にかその座を中国に譲りわたしてしまうかもしれないという厳しい現実が、実際に起こっているのです。

最後になりましたが、この本の編集にあたっては鈴木遥さんに大変お世話になりました。記して感謝いたします。

2017年8月

菅原明子

◉著者について
菅原明子（すがはら あきこ）
菅原研究所所長・保険学博士。東京大学医学部疫学教室にて博士課程修了。アジア・ヨーロッパ・アフリカ・アメリカなど世界各国を訪問し、食生態学の調査研究を続けてきた。1983年エッソ女性科学者奨励賞受賞。1984年、「菅原研究所」を設立。人間のための食環境づくりを西洋医学、東洋医学両面から調査研究している。日本健康医学会評議委員、女性科学者健康会議（ＷＳＦ）代表として毎年、奈良・薬師寺で女性イベント主催。食育、健康教育の分野、そして空気環境科学の第一人者として研究・執筆・講演活動などに精力的な活動を繰り広げている。主な著作に『マイナスイオンの秘密』『快適！マイナスイオン生活のすすめ』（いずれもＰＨＰ研究所）、『食品成分表』（池田書店）、『ウイルスの時代がやってくる』（第二海援隊）、『白米が体をダメにする！』（現代書林）、『天然素材住宅で暮らそう！』『グリーンエネルギーとエコロジーで人と町を元気にする方法』『インドネシアが日本の未来を創る』（いずれも成甲書房）など多数。

菅原研究所公式ホームページ
http://www.suga.gr.jp/

マハティール・チルドレンの国
マレーシア

◉著者
菅原明子《すがはらあきこ》

◉発行日
初版第1刷　2017年9月15日

◉発行者
田中亮介

◉発行所
株式会社 成甲書房

郵便番号101-0051
東京都千代田区神田神保町1-42
振替00160-9-85784
電話 03(3295)1687
E-MAIL　mail@seikoshobo.co.jp
URL　http://www.seikoshobo.co.jp

◉印刷・製本
株式会社 シナノ

Printed in Japan, 2017
ISBN978-4-88086-360-3

グリーンエネルギーとエコロジーで

人と町を元気にする方法

菅原明子

様々な形でエコという言葉が飛び交う現代、それでは、エコの中身とは一体何なのか？ グリーンエネルギーの未来は？ ――〝小さな国ほど大きなエコが行える〟その言葉を実証している国オーストリアに、それらの問いへの確かな答えがありました。私たち日本人はこれからどうエコに取り組んでいけばいいのか、理想のエコ社会を求めて、著者・菅原明子氏がエコ先進国オーストリアを訪ねます――――――――――――――――――――――――日本図書館協会選定図書

四六判◉定価：本体1400円（税別）

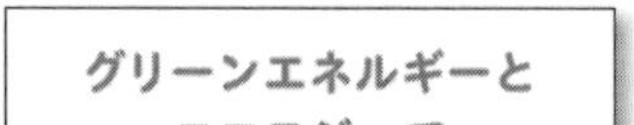

◉

ご注文は書店へ、直接小社Webでも承り

異色ノンフィクションの成甲書房